從價值系統看中國文化的現代意義

全新編輯校對

余英時

民國七十三年，也是西元一九八四年。

「一九八四」在許多關心人類前途的知識份子心中，是一個極具象徵意義的年代。

《中國時報》特於元旦特刊，刊載深受海內外學術界尊敬的思想史學者余英時先生的力作，一方面申慶賀之意。另一方面則希望每一個在傳統與現代交織影響下的現代中國人，都能從這篇充滿智慧的論文中，得到啟發。

導讀

余英時最重要的一篇通論

顏擇雅（出版人）

〈從價值系統看中國文化的現代意義〉是一篇近四萬字長文。骨幹是一九八三年九月三日週六下午在台北國父紀念館的演講（不是網上誤傳的一九八四年九月一日），逐字稿經過余英時本人整理改寫，擴充三倍有餘，才改為現今篇名，演講原題「中國文化與現代生活總論」則成了副標。《中國時報》在一九八四年元旦特刊一天刊完，造成台灣知識界轟動，時報文化出版才趕在三月推出單行本。以上是這本書的由來。

副標源起，是《中國時報》在一九八三年大張旗鼓主辦的「中國文化與現代生活」系列講座。本來規劃是二十四場，一週一場，時間從三月到八月，講者有王作榮、瞿海源、李亦園、高希均等專家學者，還有林洋港、吳延環等政治人物。講題倒不見得扣緊中國文化，例如省主席李登輝講田園之樂，台大教授賀德芬講著作權。余英時本來不在規劃裡，是後來加的，成為第二十五場，主辦單位才說他要講的是「總論」。要不然，他這「總論」跟之前講座內容是關係不大的。

不過，這篇長文在余英時作品中，卻相當奇特。首先，他一向志在研究，著作都是專題。不像他老師錢穆有一本《國史大綱》，另一位老師費正清除了是多卷本《劍橋中國史》的共同主編，晚年還寫過一本《費正清論中國：中國新史》。余英時本人對通史寫作是興趣缺缺的。

通史沒寫過，通論卻有多篇，原因是他成名甚早，不時受邀舉行公開演講。場合如果不是學術研討會，或聽眾根本不是學術中人，內容就只能是通論。例如《歷史與思想》書中的〈關於中國歷史特質的一些看法〉，還有《人文與民主》書中的〈中國思想史研究綜述——中國思想史上四次突破〉，都是這類。

但在他的所有通論之中，最重要絕對是這篇〈從價值系統看中國文化的現代意義〉。光其出版史，就可看出重要性了。

在台灣的二手書店與圖書館中搜查本書，可看到不同年份的三種封面。可知它在問世後十年曾一再改版上市。後來絕版，純是出版社高層異動的關係。

但絕版並不代表此文停止流通。一九八七年聯經版《中國思想傳統的現代詮釋》，還有二〇〇七年時報文化版《知識人與中國文化的價值》皆以此文為首。

在對岸，此文除了收入廣西師範十卷本《余英時文集》，還有江蘇人民版《中國思想傳統的現代詮釋》、中國廣電版《內在超越之路》、三聯版《文史傳統與文化重建》。事實上，對岸許多學人回憶自己與余英時的第一次接觸，都是時報文化出版一九八四年單行本的影印本。早在一九八六年六月，上海《書林》雜誌就刊出葛兆光的閱讀心得。黃克劍評論則刊登在同年九月的北京《讀書》雜誌。

此文之所以重要，主要是主題本來就是余英時念茲在茲，可說是平生志趣所在。二〇一三年完稿的〈中國軸心突破及其歷史進程〉（也就是《論天人之際》代序）中有交代，說他是高中最後一年讀到胡適給梁漱溟《東西文化及其哲學》寫的書評，然後找梁的原書來讀，雖然不是很懂，「但是我追求中西文化異同的強烈欲望卻是這樣被激發起來的，而且從此長在心頭，揮之不去。進入大學以後，我選擇了中國史為專業，因為希望從歷史上尋找中西文化不同的根源所在。」

二〇一四年，他在唐獎受獎講詞又強調一遍：「我自始即最感興趣的問題是怎樣通過歷史來認識中西文化的異同。」而〈從價值系統〉一文主旨，不就是「通過歷史來認識中西文化的異同」？

志趣是十八、九歲油然而生，講詞則完成於五十三歲。這告訴我們兩件事：一是文章呈現的學問看似信手拈來，卻是三十幾年有目的、有計劃的累積。二是他沒做到充足準備，是不貿然出手的。更早之前，他並沒有類似主題的作品。

問題來了：完成此文，他又繼續著述三十幾年，學問繼續累積。那他看法有沒變呢？

看法沒變，只有講更細。例如他最後一本學術專題《論天人之際》，還有他討論中國科學何以落後的扛鼎之作〈環繞著「李約瑟問題」的幾個反思〉，都是從此文某一小節做考據細密的再發揮。

用字倒是有改一個。就是在二〇〇七年《知識人與中國文化的價值》中，「內在超越」一詞全改成「內向超越」。原因在陳致訪談的《我走過的路》還有李懷宇整理的《余英時談話錄》都有專節討論（請翻到二書「內向超越」那節）。余英時意思是說，文章被譯成外文，「內在超越」都被譯成「immanent transcendence」，而「immanent」是「實存於本體之內」的意思。他本人並沒有「體道」的神祕經驗，「道」是否實存，他既不知，也不想假設。未免混淆，他認為英文應該是「inward transcendence」，中文才據以改為「內向超越」。（我插一句：牟宗三及其後學應該是認定「道」是實存，所以完全不覺得「內在超越」有何問題。）

雖然我知道余英時在二〇一四年《論天人之際》第七章，連「外在超越」也全改成「外向超越」了，但這次並沒交代改變的原由。何況，在二〇一六年哥倫比亞大學出版社幫他出的上下冊英文學術文集，卷首即二〇〇三年發表的〈Between Heaven and Earth〉，書裡還是用「內向超越」與「外在超越」的直譯，前者是「inward transcendence」，後者是「external（沒改成outward）transcendence」，所以這次時報文化出版重出單行本的新版，我建議就依據二〇〇七年版本即可。

在余英時之前，當然已經有相當多學人針對中西文化異同發表過論述。事實上，五〇年代初一個對這題目有興趣的年輕人，大學念香港新亞真是念對了。錢穆寫完《國史大綱》（一九四〇年），就緊接寫《中國文化史導論》（一九四八年）與《文化學大義》（一九五〇年）。唐君毅則在一九五一年出版《中國文化之精神價值》一書。這些，都是前述梁漱溟《東西文化及其哲學》之後，針對同一題目的重要著作。

錢唐二人都主張中國文化是內傾或內向，西方文化則是外傾或外向。「內在超越」與「外在超越」二詞，起源除了前述唐君毅一書，還有牟宗三一九五五年發表於香港《人生》的〈人文主義與宗教〉一文。牟宗三當年人在台灣，但《人生》是香港雜誌，正是新儒家大本營。問題來了：既然「內在超越」與「外在超越」不管用詞還是概念都不算余英時首創，那余英時的創見是什麼？

余英時雖是中國思想史家，此文創見卻主要是西方思想史的部份，而且還是一位專治中國思想史的學者才可能有的創見。此文指出：西方接受基督教原來不是歷史的偶然，科學革命不是，基督教與科學之間的緊張也不是，現代人的焦慮與疏離更不是。

就我個人來說，有些我從小就耳熟能詳的西哲名言，都要等讀過此文，才知其背後深意與弦外之音。一句是伏爾泰講的：「就算上帝不存在，也有必要被發明出來。」另一句是尼采講的：「上帝已死。」

這一切，只因余英時有指出一點別人（不管西方還是東方）從沒指出過的，即西方對自身的價值源頭覺得有必要「打破沙鍋問到底」，中國卻不覺得需要。從這裡開始的一系列推論在此無法盡述，我只能給四個字的評價：妙不可言。

我還學到一點：一種概念是西方原生，並不代表它在西方的基礎就比較穩固。余英時給的例子是人權。「天賦人權」意即人權在西方是建立在上帝概念之上，那在達爾文演化論已被普遍接受的時代，人權是要怎麼高於鳥權、獸權？我是讀到這裡，才明白美國極右派反對演化論是在反對什麼。

我不再多寫。無論如何，就算有人對中國文化完全沒興趣，只對西方文化有興趣，這本書也是非常值得一讀的。

目次

單行本出版說明

一九八四年元旦，《中國時報》鄭重刊載了當代名史學家余英時先生的力作〈從價值系統看中國文化的現代意義——中國文化與現代生活總論〉。這篇文章原是本次時報系列演講中的一個總結，由於它飽含智慧、深具啟發性，因而一經刊出，立刻在國內引起廣大的迴響，一時有口碑載道、家弦戶誦之盛，浸浸然成為學術界文化界普遍關注的一個焦點。這固然是余先生個人崇高的學術聲望所致，更重要的是，該文觸及到本世紀中國人所關心的問題，亦即中國文化與現代生活之間的複雜關係。對於這個聚訟紛紜、莫衷一是的問題，余先生從澄清價值系統著手，將中國文化的現代意義予以精微的闡發和透徹的疏通。超然於全面西化和極端保守的傳統爭執之外，既不左右袒，也不做調人，而實事求是、允執厥中地提出了具體、平正而圓融的看法。雖然作者謙稱其看法並非唯一觀點，亦非最後定論，但一般有識之士都不約而同地公認，這篇文章即使不是百年來中西文化論辯最後的斷案，至少也是五四以還這六十年來所有討論文字中見解最圓熟、立論最透闢的一篇，堪稱是燕許大手筆、世紀大文章。不僅是余先生本人這方面長久深思熟慮的一個總結，事實上也總結了以往國人在這方面的種種議論，更且為此下的種種思辨開啟了一條通途大道，誠可謂繼往開來、承先啟後，佔有關鍵性的重要地位，價值至為重大。特別際此又一甲子的開始，其意義更是極不尋常。因此我們謹徵得余先生本人的同意，將此鴻文及時印成單行本，以廣流通。期能讓關心中國文化以及現代化問題的朋友，都能人手一冊而傳之無窮。新甲子、新里程，歡迎大家都到這塊中國文化的里程碑下來思考。

時報文化出版公司　謹識

前言

這篇文字是根據今年（一九八三）九月三日在臺北「國父紀念館」公開演講的紀錄改寫而成的。這是《中國時報》主辦的「中國文化與現代生活」演講系列的一個總結，講演時因限於時間和通俗性的要求，許多意見都無法充分發揮。《時報》專欄組陳朝平和張明貴兩位記者整理出來的九千字講稿非常清楚，為改寫工作提供極大的便利。這是我十分感謝的，但是經我再三考慮之後，覺得不能僅就原稿略加潤色即行刊布。理由有二：第一、此次承《中國時報》特別從海外約我回國演講，安排與接待之隆重使我非常感動不安。因此我不能以草率的態度來回答《時報》的盛意，用我自己不滿意的講稿交卷。第二、講演的題目實在太大。我在回國的途中雖幾經構思，但講演時僅有一概念性的綱領，細節尚多待補充，尤其因時間所限，許多重要的問題都只能三言兩語輕輕帶過。若逕用原稿發表必將引起讀者的各種誤解。這更不是我一向遵守的學術紀律所能容許的。雖然改寫工作費去了不少時間，而且字數也增加了三倍以上，但相對於這樣廣大的題目而言，本文仍然祇能算是一篇題綱。言不盡意之處，只有請讀者原諒。

一九八三年十月十三日余英時記於美國康州之橋鄉

從價值系統看中國文化的現代意義

中國文化與現代生活之間究竟有著什麼樣的關係？這是一個包羅萬象的大問題。對於這樣的大問題，論者自不免有見仁見智之異。

在一般人的觀念中，中國文化和現代生活似乎是兩個截然不同而且互相對立的實體。前者是中國幾千年積累下來的舊文化傳統；後者則是最近百餘年才出現的一套新的生活方式，而且源出於西方。所以這兩者的衝突實質上便被理解為西方現代文化對中國傳統文化的衝激與挑戰。自一九一九年「五四運動」以來，所有關於文化問題的爭論都是環繞著這一主題而進行的。

在這個一般的理解之下產生了種種不同的觀點與態度，但大體上可以分為兩個相反的傾向：一方面是主張全面擁抱西方文化，認定中國傳統文化是現代生活的阻礙，必須首先加以清除。另一方面則是極力維護傳統文化，視來自西方的現代生活為中國的禍亂之源，破壞了傳統的道德秩序和社會安定。在這兩種極端態度之間當然還存在著許多程度不同的西化論與本位論，以及模式各異的調和論。這些議論，大家都早已耳熟能詳，毋須再說。

站在歷史研究的立場上，我對於這一廣泛而複雜的文化問題既無意做左右袒，也不想另外提出任何新的折衷調和之說。我首先想對「中國文化」與「現代生活」兩個概念進行一種客觀的歷史分析。在分析的過程中，我自然不能不根據某種概念性的假設，但是這種假設並非我個人主觀願望的投射，而是在學術研究上具有一定的客觀性和普遍性的。在綜合判斷方面，我當然也不能完全避免個人的主觀，不過這種判斷仍然是盡量建立在客觀事實的基礎之上。

必須說明，文化觀察可以從各種不同的角度出發，我所採取的自然不是唯一的角度。我所提出的看法更不足以稱為最後定論。我祇能說這些看法是我個人經過鄭重考慮而得到的，也許可以提供對這個問題有興趣的人參考。

文化一詞有廣義和狹義的種種用法。以本文而言，則所謂中國文化是取其最廣泛的涵義，所以政治、社會、經濟、藝術、民俗等各方面無不涉及。以近代學者關於「文化」的討論來說，頭緒尤其紛繁。三十年前克羅伯（A. L. Kroeber）和克拉孔（Clyde Kluckhohn）兩位人類學家便檢討了一百六十多個關於「文化」的界說。他們最後的結論是把文化看作成套的行為系統，而文化的核心則由一套傳統觀念，尤其是價值系統所構成。這個看法同時注意到文化的整體性和歷史性，因此曾在社會科學家之間獲得廣泛的流行。近幾十年來人類學家對文化的認識雖日益深入，但是關於文化的整體性和歷史性兩點卻依然是多數人所肯定的。

另一方面，近一、二十年來，由於維柯（Giovanni Battista Vico, 1668-1744）與赫爾德（Johann Gottfried von Herder, 1744-1803）的歷史哲學逐漸受到西方思想界的重視，不但文化

是一整體的觀念得到了加強，而且多元文化觀也開始流行了。所謂多元文化觀即認為每一民族都有它自己的獨特文化；各民族的文化並非出於一源，尤不能以歐洲文化為衡量其他文化的普遍準則。赫爾德並且強調中國文化的形成與中國人的民族性有關，其他民族如果處於中國古代的地理和氣候的環境中則不一定會創造出中國文化。這種文化多元論有助於打破近代西方人的文化偏見。（但是必須指出，赫爾德本人並未能完全免於此一偏見，他仍以歐洲文化高於印度與中國。）

從維柯與赫爾德一系的文化觀念出發，我們可以說，祇有個別的具體文化，而無普遍的、抽象的文化。古典人類學所尋求的是一般性的典型文化，這樣的文化祇是從許多個別的真實文化中抽離其共相而得來的觀念，因此僅在理論上存在。但是最近的人類學家也開始改變態度了。例如紀爾茲（Clifford Geertz）便曾批評這種尋求文化典型的研究方法。他認為研究文化尤應把握每一文化系統的獨特之處。所以在這個方面史學觀點和人類學觀點的合流目前已見端倪；我們的注意力應該從一般文化的通性轉向每一具體文化的個性。以下討論中國文化大致便是從這一立場出發的。

如果我們基本上接受這一看法，那麼所謂「中國文化」便不可能是和「現代生活」截然分為兩橛的。普遍性的「現代生活」和普遍性的「文化」一樣，也是一個抽象的觀念，在現實世界中是找不到的。現實世界中祇有一個個具體的現代生活，如中國的、美國的、蘇俄的、或日本的；而這些具體的現代生活都是具體的文化在現代的發展和表現。這當然不是否認現代生活可以歸納成某些共同的特徵。事實上，社會科學家關於「現代化」的無數討論主要都是在尋求共同的特徵，也就是理想的典型。但是典型如果要適用於一切具體的、個別的現代社會勢不能不通過最高的概括。其結果則是流為一些空洞的形式，而失去了經驗的內容。舉例言之，我們大概都承認民主是現代政治生活的主要方式。可是我們祇要把西歐、英、美的民主政治與納粹德國和蘇俄的極權體制加以對照，嚴重的問題馬上便發生了。無論我們怎樣鄙棄極權體制，我們似乎都不好否認希特勒時代的德國和列寧以來的蘇俄已進入了現代化的階段。所以不少社會學家衹好用「大眾社會」（mass society）或「人民社會」（populistic societies）之類的概念來概括現代的政治生活。這種寬泛的概念雖能勉強把「民主」與「極權」兩種截然對立的政治方式統一起來，但畢竟衹剩下一點形式的意義了。民主制度下的「大眾」或「人民」是能積極「參與」（participation）政治生活的，而極權體制下的「大眾」或「人民」卻連「代表性」（representation）也談不到，他們不過是受統治集團操縱的政治工具而已。利用最新的大眾傳播技術來提高人民的政治警覺和社會意識，這是現代民主生活的特徵；而利用同樣的技術來控制和操縱人民則是現代極權政治的主要內涵。這兩者之間是無法畫等號的；其背後實有價值系統的根本不同。

我們通常所謂「現代化」或「現代生活」是含有頌揚和嚮往的意義的。以政治的現代化而言，我們的理想當然是建立民主制度，而不是極權體制。這就涉及了現代生活的實際內容和價值取向，不能脫離具體的文化傳統來討論了。

不但如此，討論現代化或現代生活還不可避免地要碰到另一更嚴重的困難，即現代化與西化之間的混淆。西方學者所說的現代化實際上是以十七世紀以來西歐與北美的社會為標準的。所以現代化便是接受西方的基本價值。這個看法有是有非，未易一言以斷。以「五四」以來所提倡的「民主」與「科學」而言，西方的成就確實領先不止一步，應該成為其他各國的學習範例。但是現代西方的基本文化內涵並不限於這兩項，其中如過度發展的個人主義、漫無限止的利得精神（acquisitive spirit）、日益繁複的訴訟制度、輕老溺幼的社會風氣、緊張衝突的心理狀態之類，則不但未必能一一適合於其他非西方的社會，而且已引起西方人自己的深切反省。在現實世界中我們實在找不到任何一個具體的西方現代生活是十全十美，足供借鏡的。英、美、德、法各國儘管同屬西方文化一系，其間仍多差異，各具獨特的歷史傳統。現代化之不能等同於西化是非常明顯的事實。

以上的討論並不是否認「文化」與「現代化」具有超越地域的通性。通性不但可以從經驗事實上歸納得出來，而且在理論上更是必要的，否則社會科學便不能成立了。我的根本意思是說，在檢討某一具體的文化傳統（如中國文化）及其在現代的處境時，我們更應該注意它的個性。這種個性是有生命的東西，表現在該文化涵育下的絕大多數個人的思想和行為之中，也表現在他們的集體生活方式之中。所謂個性是就某一具體文化與世界其他個別文化相對照而言的，若就該文化本身來說，則個性反而變成通性了。

以下我要專談中國文化的問題。但是在我的理解中，中國文化與現代生活並不是兩個原不相干的實體，尤其不是互相排斥對立的。「現代生活」即是中國文化在現階段的具體轉變。中國文化的現代轉變自然已離開了舊有的軌轍，並且不可否認地受到了西方文化的重大影響。西化是這一轉變中的一個重要環節，這是毋須諱言的。但是現代化絕不等於西化，而西化又有各種不同的層次。科技甚至制度層面的西化並不必然會觸及一個文化的價值系統的核心部分。現在一般深受西方論著影響的知識分子往往接受西方人的偏見，即以西方現代的價值是普遍性的（universalistic），中國傳統的價值則是特殊性的（particularistic）。這是一個根本站不住的觀點。其實，每一個文化系統中的價值都可以分為普遍與特殊兩類。把西化與現代化視為異名同實便正是這一偏見的產物。

什麼是中國文化？我們怎樣才能討論中國文化這樣一個廣大的題目？不用說，我們勢非採取一種整體的觀點不可。如果採取分析的途徑，從政治、經濟、宗教、藝術、文學、民俗各方面去探索以期獲得一個大家都能接受的確定結論，那將是一個永遠無法實現的夢想，因為這是一個沒有止境的分析過程。但是另一方面，整體的觀點則難免有流於獨斷的危險，思想訓練不夠嚴格的人尤其喜歡用「一言以蔽之」的方式武斷地為中國文化定性。

我個人由於出身史學，一向不敢對中國文化的性格輕下論斷，雖則我自己也一直在尋求一種整體的瞭解。幾經考慮之後，我最近企圖通過一組具有普遍性、客觀性的問題來掌握中國文化的價值系統。這種處理的方式也許比較符合前面所提到的人類學家和歷史哲學家的最近構想。這一組問題一方面是成套的，但另一方面也分別地涉及中國文化的主要層面。在分別討論每一個層面時，我將同時點出中、西的異同。我希望從這一角度來說明中國文化與現代生活的內在關係。中國文化的現代化何以不可能完全等於西化也許可以從這種對照中凸顯出來。

一談到價值系統，凡是受過現代社會科學訓練的人往往會追問：所謂文化價值究竟是指少數聖賢的經典中所記載的理想呢？還是指一般人日常生活中所表現的實際傾向呢？這一問題的提法本身便顯示了西方文化的背景。西方的理論與實踐（約相當於中國所謂「知」與「行」）、或理想與現實之間往往距離較大，其緊張的情況也較為強烈，這也許和西方二分式的思維傳統有關，此處無法做深度的討論。無論如何，烏托邦式的理想在西方的經典中遠較中國為發達。（〈禮運〉大同的理想到近代才受西方影響而流行起來。）中國思想有非常濃厚的重實際的傾向，而不取形式化、系統化的途徑。以儒家經典而言，《論語》便是一部十分平實的書，孔子所言的大抵都是可行的，而且是從一般行為中總結出來的。「古者言之不出恥躬之不逮」、「君子欲訥於言而敏於行」、「聽其言而觀其行」、「其言之不作，則為之也難」……這一類的話在《論語》中俯拾即是。《春秋》據說是孔子講「微言大義」的著作，但後人推尊它仍說它「上明三王之道，下辨人事之紀」或「上本天道，中用王法，而下理人情」。總之，現代西方人所注重的上層文化與下層文化或大傳統與小傳統之間的差異在中國雖然不是完全不存在，但顯然沒有西方那麼嚴重。（這一點我已在《史學與傳統》的序言中有所討論。）我特別提及這一層，意在說明下面檢討中國文化的基本價值，我將盡量照顧到理想與實際的不同層面。

我們首先要提出的是價值的來源的問題，以及價值世界和實際世界之間的關係問題。這兩個問題是一事的兩面，但是後一問題更為吃緊。這是討論中西文化異同所必須涉及的總關鍵，祇有先打開了這一關鍵，我們才能更進一步去解說由此而衍生的，但涉及中國價值系統各方面的具體問題。

人間的秩序和道德價值從何而來？這是每一個文化都要碰

到的問題。對於這個問題，中西的解答同中有異，但其相異的地方則特別值得注意。

中國最早的想法是把人間秩序和道德價值歸源於「帝」或「天」，所謂「不知不識順帝之則」、「天生烝民，有物有則」，都是這種觀念的表現。但是子產、孔子以後「人」的分量重了，「天」的分量則相對的減輕了。即所謂「天道遠，人道邇」。但是孔子以下的思想家並沒有切斷人間價值的超越性的源頭——天。孔子以「仁」為最高的道德意識，這個意識內在於人性，其源頭仍在於天，不過這個超越性的源頭不是一般語言能講得明白的，祇有待每個人自己去體驗。「夫子之言性與天道不可得而聞」，是說孔子不正面去發揮這一方面的思想，並不是他不相信或否認「性與天道」的真實性。近代學人往往把孔子的立場劃入「不可知論」的範圍，恐怕還有斟酌的餘地。「天生德於予」、「知我者其天乎」之類的語句對孔子本人而言是不可能沒有真實意義的。孟子的性善論以仁、義、禮、智四大善端都內在於人性，而此性則是「天所以與我者」。所以他才說「知其性者則知天」。後來《中庸》說得更明白：「天命之謂性，率性之謂道。」

道家也肯定人間秩序與一切價值有一超越的源頭，那便是先天地而生的形而上的道體。「道」不但是價值之源，而且也是萬有之源。但是在中國人一般的觀念中，這個超越的源頭仍然籠統地稱之為「天」；舊時幾乎家家懸掛「天地君親師」的字條便是明證。我們在此毋須詳細分析「天」到底有多少不同的涵義。我們所強調的一點祇是中國傳統文化並不以為人間的秩序和價值起於人間，它們仍有超人間的來源。近來大家都肯定中國文化的特點是「人文精神」。這一肯定是大致不錯的。不過我們不能誤認中國的人文精神僅是一種一切始於人、終於人的世俗精神而已。

僅從價值具有超越的源頭一點而言，中、西文化在開始時似乎並無基本不同。但是若從超越源頭和人世間之間的關係著眼，則中西文化的差異極有可以注意者在。中國人對於此超越源頭祇做肯定而不去窮究到底。這便是莊子所謂「六合之外，聖人存而不論」的態度。西方人的態度卻迥然兩樣，他們自始便要在這一方面「打破沙鍋問到底」。柏拉圖的「理型說」便是要展示這個價值之源的超越世界。這是永恆不變，完美無缺的真實（或本體）世界。而我們感官所能觸及的則是具有種種缺陷的現象世界。儘管柏拉圖也承認這個真實世界是不可言詮的，但是他畢竟還要從四面八方來描寫它。亞里斯多德的「最後之因」，或「最先的動因」（first unmoved mover）也是沿柏拉圖的途徑所做的探索。所以柏、亞兩師徒的努力最後非逼出一個至善的「上帝」的觀念不止。這是一切價值的共同來源。

但是希臘人是靠「理性」來追溯價值之源的，而人的理性並不能充分地完成這個任務。希伯來的宗教信仰恰好填補了此一空缺。西方文化之接受基督教絕不全出於歷史的偶然。無所不知、無所不能、無所不在的上帝正為西方人提供了他們所需要的存有的根據。宇宙萬物是怎樣出現的？存有是什麼？一切人間的價值是從何而來的？這些問題至此都獲得了解答。不過這種解答不來自人的有限的理性，而來自神示的理性（revealed reason）而已。神示和理性之間當然有矛盾，但是這個矛盾在近代科學未興起之前是可以調和的，至少是可以暫時相安的。中古聖托馬斯（St. Thomas）集神學的大成，其中心意義即在於此。西方的超越世界至此便充分地具體化了，人格化的上帝則集中了這個世界的一切力量。上帝是萬有的創造者，也是所有價值的源頭。西方人一方面用這個超越世界來反照人間世界的種種缺陷與罪惡，另一方面又用它來鞭策人向上努力。因此這個超越世界和超越性的上帝表現出無限的威力，但是對一切個人而言，這個力量則總像是從外面來的，個人實踐社會價值或道德價值也是聽上帝的召喚。如果換一個角度，我們也可以說，人必須遵行上帝所規定的法則，因為上帝是宇宙間一切基本法則的唯一創立者。西方所謂「自然法」（natural law）的傳統即由此而衍生。西方的「自然法」，廣義地說，包括人世間的社會、道德法則（相當於中國的「天理」或「道理」）和自然界的規律（相當於中國的「物理」）。西方超越世界外在於人，我們可以通過「自然法」的觀點看得很清楚。

在西方的對照之下，中國的超越世界與現實世界卻不是如此涇渭分明的。一般而言，中國人似乎自始便知道人的智力無法真正把價值之源的超越世界清楚而具體地展示出來。（這也許部分地與中國人缺乏知識論的興趣有關。）但是更重要地則是中國人基本上不在這兩個世界之間劃下一道不可逾越的鴻溝。西方哲學上本體界與現象界之分，宗教上天國與人間之分，社會思想上烏托邦與現實之分，在中國傳統中雖然也可以找得到蹤跡，但畢竟不佔主導的地位。中國的兩個世界則是互相交涉，離中有合、合中有離的。而離或合的程度則又視個人而異。我們如果用「道」來代表理想的超越世界，把人倫日用來代表現實的人間世界，那麼「道」即在「人倫日用」之中，人倫日用也不能須臾離「道」的。但是人倫日用祇是「事實」，「道」則是「價值」。事實和價值是合是離？又合到什麼程度？或離到什麼程度？這就完全要看每一個人的理解和實踐了。所以《中庸》說：「君子之道費而隱，夫婦之愚可以與知焉。及其至也，雖聖人亦有所不知焉。夫婦之不肖可以能行焉。及其至也，雖聖人亦有所不能焉。」在中國思想的主流中，這兩個世界一直都處在這種「不即不離」的狀態之下。佛教的「真諦」與「俗諦」截然兩分，最後還是為中國的禪宗思想取代了。

禪宗普願和尚說「平常心是道」，這便回到了中國的傳統。「擔水砍柴無非妙道」，真諦、俗諦的間隔終於打通了，聖與凡之間也沒有絕對的界限。宋明理學中有理世界與氣世界之別，但理氣仍是不即不離的，有氣便有理，而理無氣也無掛搭處。

中國的超越世界沒有走上外在化、具體化、形式化的途徑，因此中國沒有「上帝之城」（City of God），也沒有普遍性的教會（universal church）。六朝隋唐時代佛道兩教的寺廟絕不能與西方中古教會的權威和功能相提並論。中國儒家相信「道之大原出於天」。這是價值的源頭。「道」足以照明「人倫日用」，賦予後者以意義。禪宗也是這樣說的。未悟道前是砍柴擔水，既悟道後仍然是砍柴擔水。所不同者，悟後的砍柴擔水才有意義，才顯價值，那麼我們怎樣才能進入這個超越的價值世界呢？孟子早就說過：「盡其心者知其性，知其性則知天。」這是走內向超越的路，和西方外在超越恰成一鮮明的對照。孔子的「為仁由己」已經指出了這個內向超越的方向，但孟子特提「心」字，更為具體。後來禪宗的「明心見性」、「靈山祇在我心頭」也是同一取徑。

內向超越必然是每一個人自己的事，所以沒有組織化教會可依，沒有有系統的教條可循，甚至象徵性的儀式也不是很重要的。中國也沒有西方基督教式的牧師，儒家教人「深造自得」、「歸而求之有餘師」，道家要人「得意忘言」，禪師對求道者則不肯「說破」。重點顯然都放在每一個人的內心自覺，所以個人的修養或修持成為關鍵所在。如果說中國文化具有「人文精神」，這便是一種具體表現。追求價值之源的努力是向內而不是向外向上的，不是等待上帝來「啟示」的。這種精神不但見之於宗教、道德、社會各方面，並且也同樣支配著藝術與文學的領域。所以「心源」這個觀念在繪畫和詩的創作上都是十分重要的。論畫有「外師造化，中得心源」的名言，論詩則說「憐渠直道當時語，不著心源傍古人」。這可以說是內向超越所必經的道路。

我無意誇張中、西之異，也不是說中國精神全在內化，西方全是外化。例外在雙方都是可以找得到的。但以大體而言，我深信中西價值系統確隱然有此一分別在。外在超越與內向超越各有其長短優劣，不能一概而論。值得注意的是中西文化的不同可以由此見其大概。這種不同到了近代更是尖銳化了。

前面曾指出，西方價值之源的超越世界，由於希臘理性與希伯來信仰的合流，在中古時期曾獲得暫時的統一，但是信仰與理性的合作終究不能持久。中古時代哲學是神學的婢女，理性處於輔佐信仰的地位。文藝復興以後，理性逐漸抬頭；特別是科學革命以來，理性已壓倒了信仰。西方的超越世界於是分裂了。科學解答了自然世界的奧祕，這是理性的大勝利。宇宙是有秩序、有規律的，可以通過人的理性來發現。理性的分量從此愈來愈重，人們對基督教的上帝的信仰相對地減輕了。牛頓仍然相信這個有秩序、有規律的宇宙是上帝創造的，但是自然科學的成功畢竟把上帝推遠了一大步。自然事實的價值源頭開始被切斷了。「自然法」（natural law）中的一大部分現在變成了「自然的規律」（laws of nature）。

康德的哲學最能反映西方兩個世界分裂和緊張的情況。康德是理性時代的最高產品，但是他卻要推究理性的限度何在。理性祇能使人知道現象界，而不是本體界。這便為上帝保留了地位，因為本體或物自體祇有上帝才能完全知道。（其基本假定是祇有創造者才能對其創造品有完全的知識。）康德又特別提出實踐理性來保證價值世界的客觀存在。他一方面承認人受經驗世界一切規律的支配，另一方面又規畫出一個自主、自由的價值世界。這兩個世界——一方面是事實世界、必然世界，另一方面是價值世界、自由世界——最後仍可統一在「上帝」這個觀念之下。人作為一種自然現象是在因果律支配之下，但作為一本體現象則是自由的。本體必預設上帝的觀念。康德的上帝觀自然大不同於中古以來傳統的舊說。他用批判理性來摧破了舊的形上學或思辨神學，亦同時建立了新的道德理論。

康德的哲學成就在近代是無與倫比的，但是他的努力仍未能挽救西方科學與宗教分裂的命運。他的「物自體」說、「先驗綜合原理」說，後世一直聚訟不已，至今仍處於信者自信、疑者自疑的狀態，而且疑者遠多於信者。十九世紀達爾文的生物進化論（或譯「演化論」）出世之後，上帝創造世界的信仰更受到了致命的打擊。一般號稱基督徒的西方人雖然進教堂如儀，但心中已沒有真實的上帝信仰。價值之源已斷，生命再無意義可言。所以尼采要借一個瘋人的口喊道「上帝死亡了」，

「所有的教堂如果不是上帝的墳墓，又是什麼呢？」

一部西方近代史主要是由聖入凡的俗世化（secularization）的過程。政治、社會、思想當然也走向俗世化的途徑。十八世紀的思想家開始把自然法和上帝分開，轉而從人具有理性這一事實上重建自然法的基礎。但是西方近代文化在人世間尋找價值源頭的努力仍然遇到不易克服的困難，社會契約說所假定的「自然狀態」是一種烏托邦，不足以成為道德的真源。（最近勞爾思〔John Rawls〕所建立的「原始立場」〔original position〕說是這一方面的重要發展。）功利主義的快樂說過分注重效用與後果，又有陷入價值無源論的危險。在重要關頭，西方人往往仍不免要乞靈於上帝的觀念。美國「獨立宣言」把那些不容剝奪的「天賦人權」都說成是「不證自明的真理」（self-evident truths），因為人的基本權利是創世主（creator）的恩賜。甚至今天在一般西方人的觀念中，人權還是來自上帝。

現代的中國知識分子都認為西方近代文化從中古基督教權威中解放出來是一個最偉大的成就，因為我們心嚮往之的民主與科學便是在這一解放過程中發展出來的。這個看法當然是有根據的，但是我們不能誤解西方近代的俗世化是徹底地剷除基督教，更不能把科學和宗教看成是絕對勢不兩立的敵體。走「外在超越」之路的西方文化終不能沒有一個精神世界為它提供價值的來源。相反地，基督教經過宗教改革的轉化之後反而成為西方現代化的重要精神動力之一。以科學而言，伏爾泰（Voltaire）便曾說過，傳道師不過告訴孩子們有上帝存在，牛頓則向他們證明了宇宙確是上帝智慧的傑作。牛頓對上帝的深信不疑正是激勵他探求宇宙秩序的力量。據專家研究，十六世紀英國的醫學發展也得力於上帝的觀念。治病救人是響應上帝的召喚，發現人體機能的奧祕和藥物的本性也是執行上帝的使命。醫德和醫學研究的熱誠都源於對上帝的信仰。在政治社會思想方面，我們已指出「天賦人權」的觀念具有基督教的背景。根據白特菲（Herbert Butterfield）的觀察，西方近代的個人主義和近代基督教的發展有密切的關聯。宗教改革以後，各種教派興起，彼此相持不下，於是才出現了「良心的自由」

（freedom of conscience）的觀念。這是個人主義（個人自做主宰）的一個重要構成部分。我們還可以補充一點，「容忍」這一重要觀念也是在這一宗教背景之下產生的。再就資本主義的興起來說，韋伯（Max Weber）關於新教倫理的理論已成為大家耳熟能詳的常識了。韋氏理論引起的辯難很多，但他的基本論點並未被推翻。英國的陶奈（R. H. Tawney）在重新檢討了這個問題之後，依然肯定清教徒的倫理觀對英國的勞動和企業精神的興起發生了決定性的刺激作用。不但如此，英國清教徒不肯向國教屈服的精神（nonconformity）對英國民主的發展貢獻尤為重大。

由此可見基督教在西方近代文化中有兩重性格：制度化的

中古教會權威在近代科學的衝擊之下已徹底崩潰了，但是作為價值來源的基督教精神則仍然瀰漫在各個文化領域。外在超越型的西方文化不能完全脫離它，否則價值將無所依託。啟蒙運動時代西方文化思想家所攻擊祇是教會的專斷和腐敗，而非基督教所代表的基本價值。反教會最烈的伏爾泰，據近人的研究，其實是相信上帝的。尼采和齊克果（Kierkegaard）都曾公開著書反對基督教，但是他們對原始教義仍然是尊重的。他們祇是不能忍受後世基督徒的庸俗和虛偽。尼采認為古今祇有一個真正的基督徒，但已釘死在十字架上了。他把耶穌（Jesus）和基督（Christ）一分為二，其用意即在此。現代西方的神學家也接受了他的分別。

以上是對西方現代化的一個極簡要的說明。從這個說明中，我們可以確切地瞭解到西方所走的途徑是受它的特殊文化系統所限定的。中國的歷史文化背景與西方根本不同；這就決定了它無法亦步亦趨地照抄西方的模式。但是近代中國的思想界卻自始便未能看清這點。康有為提倡成立孔教會，顯然是要模仿西方政教分立的形式。事實上中國既屬於內向超越的文化型，其道統從來便沒有經過組織化與形式化。臨時見異思遷是注定不可能成功的。由於中國的價值與現實世界是不即不離的，一般人對這兩個世界不易分辨。因此「五四」以來反傳統的人又誤以為現代化必須以全面地拋棄中國文化傳統為前提。他們似乎沒有考慮到如何轉化和運用傳統的精神資源以促進現代化的問題。中國現代化的過程因此而受到嚴重的思想挫折，是今天大家都看得到的事實。「五四」的知識分子要在中國推動「文藝復興」和「啟蒙運動」，這是把西方的歷史機械地移植到中國來了。他們對儒教的攻擊即在有意或無意地採取了近代西方人對中古教會的態度。換句話說，他們認為這是中國「俗世化」所必經的途徑。但事實上，中國的現代化根本碰不到「俗世化」的問題，因為中國沒有西方教會的傳統，縱使我們勉強把六朝隋唐的佛教比附於西方中古的基督教，那麼禪宗和宋明理學也早已完成了「俗世化」的運動。中國的古典研究從來未曾中斷，自然不需要什麼「文藝復興」；中國並無信仰與理性的對峙，更不是理性長期處在信仰壓抑之下的局面，因此「啟蒙」之說在中國也是沒有著落的。康德在〈什麼是啟蒙？〉一文中開頭便標舉「有運用理性的勇氣」一義。這是西方的背景。宋明理學的一部分精神正在於此。理學中的「理」字雖與西方的reason不盡相同，但相通之處也不少，所以中國人用「理性」兩字來譯reason，西方人也往往用reason一字來譯「理」字。我絕不是說「五四」時代對中國傳統的攻擊完全是無的放矢，更不是說中國傳統文化毫無弊病。「五四」人物所揭發的中國病象不但都是事實，而且尚不夠鞭辟入裡。中國文化的病是從內向超越的過程中長期積累而成的。這與西方外在超越型的文化因兩個世界分裂而爆發的急症截然不同。中、西雙方的病象雖有相似之處，而病因則有別。「五四」人物是把內科病當外科病來診斷的，因此他們的治療方法始終不出手術割治和器官移植的範圍。

這裡不是討論中國文化的缺點的地方。相反地，我要從正面說明中國文化的內向超越性在現代化的過程中所已經發生或可能發生的作用。中國人的價值之源不是寄託在人格化的上帝觀念之上，因此既沒有創世的神話，也沒有包羅萬象的神學傳統。達爾文的生物進化論在西方引起強烈的抗拒，其餘波至今未已。但進化論在近代中國的流傳幾乎完全沒有遭到阻力。其他物理、化學、天文、醫學各方面的知識，中國人更是來者不拒。我們不能完全從當時人要求「船堅炮利」的急迫心理上去解釋這種現象，因為早在明清之際，士大夫在接受耶穌會所傳來的西學時，他們的態度已經是如此了。十七世紀初年中國名士如虞淳熙、鍾始聲、李生光等人攻擊利瑪竇的《天學初函》（此書一半神學、一半科學），其重點也完全放在神學方面，至於科學部分則並未引起爭端。前面已提到，中國人認定價值之源雖出於天而實現則落在心性之中，所以對於「天」的一方面往往存而不論，至少不十分認真。他們祇要肯定人性中有善根這一點便夠了。科學知識不可避免地要和西方神學中的宇宙論、生命起源論等發生直接的衝突。但是像「天地之大德曰生」、「生生不已」、「一陰一陽之為道」、「人之異於禽獸者幾希」這一類中國的價值觀念和價值判斷，卻不是和科學處在尖銳對立的地位。不但不對立，而且還大有附會的餘地，譚嗣同的「仁學」便是一個最好的例證。譚氏用舊物理學中「以太」的觀念來解釋儒家的「仁」；用物質不滅、化學元素的觀念來解釋佛教的「不生不滅」。我們可以從這個實例看出近代中國人比較容易接受西方的科學知識確與其內向超越的價值系統有關。中國文化中沒有發展出現代科學是另一問題，但是它對待科學的態度是開放的。換句話說，內向超越的中國文化由於沒有把價值之源加以實質化（reified）、形式化，因此也沒有西方由上帝觀念而衍生出來的一整套精神負擔。科學的新發現當然也會逼使中國人去重新檢討以致修改傳統價值論的成立的根據，但是這一套價值卻不致因科學的進步而立刻有全面崩潰的危險。

在西方近代俗世化的歷史進程中，所謂由靈返肉、由天國回向人間是一個最重要的環節。文藝復興的人文主義者首先建立起「人的尊嚴」的觀念（如辟柯〔Pico〕〈關於人的尊嚴演講詞〉，約寫於一四八六年）。但是由於西方宗教和科學的兩極化，人的尊嚴似乎始終難以建築在穩固的基礎之上。傾向宗教或形而上學一方面的人往往把人的本質揚舉得過高；而傾向無神論、唯物論、或科學一方面的人又把人性貶抑得過低。近來深層心理學流行，有些學者專從人的「非理性」的方面去瞭解人性，以致使傳統「人是理性的動物」的說法都受到了普遍的懷疑。所謂「人文主義」（humanism）在西方思想界一直都佔不到很高的地位。沙特的人文主義中的「人的尊嚴」祇剩下一個空洞的選擇自由，事實上則人生祇有空虛與徬徨。海德格（Heidegger）反駁沙特「存在先於本質」之說，認為人文主義低估了人的特殊地位。所謂人的特殊地位是指人必須依附於至高無上的「存有」（Being）。但他的「存有」則是一個最神祕不可解的觀念。我看「存有」祇能是「上帝」的替身，或「上帝」的影子，儘管他自己一再申明「存有」不是「上帝」。否則「存有離人最近、也最遠」之類的話便很難索解了。另一方面，他又說人類已忘記了「存有」，而「存有」也離人而去。所以人在世間變成了「無家可歸」的情況。由此可見，海氏雖極力要把人提高到「存有」——其實即上帝——的一邊，最後還是落下塵埃。人的尊嚴依然無所保證。這是西方在俗世化過程中建立「人的尊嚴」所無法避免的困難。

中國文化正因為沒有這一俗世化的階段，人的尊嚴的觀念自孔子以來便鞏固地成立了，兩千多年來不但很穩定，而且遍及社會各階層。孔子用「仁」字來界定「人」字，孟子講得更細些，提出仁義禮智的四端，後來陸象山更進一步提出「不識一字也要堂堂做一個人」的口號。中國人大致都接受這種看法。孟子說「人皆可以為堯舜」，荀子說「塗之人可以為禹」，佛教徒竺道生也說「一闡提可以成佛」，都是說人有價值自覺的能力。所以中國的「人」字最有普遍性，也無性別之分。如果語言文字能夠反映文化的特性，那麼單是這個「人」字的發現和使用就大有研究的價值。聖人固然是「人」，小人也還是「人」，其中的分野便在個人的抉擇。有知識、有地位、有財富並不能保證人格也一定高，所以《論語》上有「小人儒」、「為富不仁」的話。

我當然不否認中國傳統社會上人有等級、職業種種分別分化的事實，但那完全是另一不同的問題。我在這裡特別強調的祇是一點，即在中國文化的價值系統中，人的尊嚴的觀念是遍及於一切人的，雖奴隸也不例外。我們知道，亞里斯多德的社會理論中是肯定了奴隸這一階級的。中國的社會思想自始便否認人應該變成奴隸。其主要根據便是「天地之性人為貴」的觀念。兩漢禁奴隸的詔令開首常常引用這句話。陶淵明送一個僕人給他的兒子，卻寫信告訴他：「此亦人子也，當善遇之。」

唐代道州刺史陽城抗疏免道州貢「矮奴」，當時和後世傳為佳話。白居易特歌詠其事於「新樂府」，「道州水土所生者，祇有矮民無矮奴」，便成了兩句有名的詩句了。康德的倫理哲學強調人必須把人當作目的，不是手段；又說：除非我願意我行事的根據成為普遍的道德法則，否則我將不那樣做。這是西方近代的觀念。但中國儒家的思想向來便是如此。康德的道德法則更合乎孔子的「己所不欲，勿施予人」。比基督教的「己所欲，施予人」的金律（Golden Rule）更為合理。所以伏爾泰有時引孔子的話來代替基督教的「金律」。人人把別人當人，這是現代自由社會的普遍信念。民主理論也建築在這個觀念上面。近代西方人常講的人是生而平等的、生而自由的這些話無非都是從這一基本觀念中所衍生的。所以僅就人的尊嚴一點而言，中國文化早已是現代的，不必經過俗世化才能產生。習慣於西方知識論思路的人也許要問：我們怎麼知道「天地之性人為貴」呢？這一論斷有科學的根據嗎？中國思想史上關於人的道德本性的問題曾有過很多的論證，這裡不必詳舉。但是哲學論證是次要的，科學的證據尤屬題外，這一點康德早已分析得很明白了。其實在中國人看來，這根本不構成一問題。古今無數道德實踐的實例已足夠證明人是天地間唯一具有價值自覺能力的動物了。中國人的邏輯——知識論的意識向不發達確是事實，但這個問題至少到今天為止還不是邏輯——知識論所能充分解答的；也不是經驗科學所能完全證實或否證的。所以今天還沒有絕對性的科學證據非要求中國人立刻放棄這種信念不可。這裡我們再度看到內向超越的價值論的現代意義。

整個地看，中國文化祇對價值的超越源頭做一般性的肯定，而不特別努力去建構另外一個完善的形而上的世界以安頓價值，然後再用這個世界來反照和推動實際的人間世界。後者是西方文化的外在超越的途徑。在實際的歷史進程中，西方的外在超越表現了強大的外在力量。西方人始終感到為這股超越外在的力量所支配、所驅使。亞里斯多德的「最後之因」、「不動的動者」、中古基督教的「神旨」（Providence）、黑格爾的「精神」或「理性」、馬克思的「物」，以至社會科學家所講的歷史或社會發展的規律，都可以看作同一超越觀念的不同現形。英人柏林（Isaiah Berlin）把它們統稱之為「巨大的超個人的力量」（這是借用艾略特〔T. S. Eliot〕的話）。這種力量要通過人來實現它自己的價值，而人在它的前面則祇有感到無可奈何，感到自己的渺小。所以深一層看，西方近代的俗世化其實並沒有能改變它的價值世界的結構。科學家從前門把「上帝」驅逐了出去，但是「上帝」經過各種巧妙的化裝後又從後門進來了。

我們可以說中國文化比較具有內傾的性格，和西方式的外傾文化適成一對照。內傾文化也自有其內在的力量，祇是外面不大看得見而已。內在力量主要表現在儒家的「求諸己」、「盡其在我」，和道家的「自足」等精神上面，佛教的「依自不依他」也加強了這種意識。若以內與外相對而言，中國人一般總是重內過於重外。這種內傾的偏向在現代化的過程中的確曾顯露了不少不合時宜的弊端，但中國文化之所以能延續數千年而不斷卻也是受這種內在的韌力之賜。《大學》說「知止而後有定，定而後能靜，靜而後能安，安而後能慮，慮而後能得」。這段話大致能說明內傾文化的特性所在。這裡止、定、靜、安等本來都是指個人的心理狀態而言的，但也未嘗不適用於中國文化的一般表現。十八世紀以來，「進步」成為西方現代化的一個中心觀念。從「進步」的觀點看，安定靜止自然一無足取。黑格爾看不起中國文化的主要根據之一便是說中國從來沒有進步過。「五四」時代中國人的自我批判也著眼於此。

我個人也不以為僅靠安定靜止便足以使中國文化適應現代的生活。中國現代化自然不能不「動」、不「進」，在科學、技術、經濟各方面尤其如此。但是今天西方的危機卻正在「動」而不能「靜」、「進」而不能「止」、「富」而不能「安」、「亂」而不能「定」。最近二、三十年來，「進步」已不再是西方文化的最高價值之一了。一九六〇年哥倫比亞大學的史學教授克勞夫（Shepard B. Clough）寫《西方文明的基本價值》（*Basic Values of Western Civilization*）一書時曾列專章頌揚「進步」的觀念，但是一九八〇年同一大學的史學教授倪思貝（Robert Nisbet）寫《進步觀念史》（*History of the Idea of Progress*）一部大書，在結尾時卻宣布「進步」的信念至少在今天的西方已經不再是天經地義了。他列舉了許多著名學者（特別是科學家）對科技發展和經濟成長的深切懷疑。物質上的進步與精神上的墮落恰好是成比例的。這對許多依然迷信物質進步的非西方人士而言，不啻是一個當頭棒喝。倪思貝本人最後寄望於宗教力量的復甦。他並認為已在西方，尤其是美國，看見了這種動向。我們固不必完全同意倪氏的預測，然而現代生活中物質豐裕和精神貧困的尖銳對照則是有目共睹的。存在主義所揭發的關於現代人心理失調的種種現象如焦慮、怖慄、無家感、疏離感等，更是無可否認的。如果說在現代化的早期，安、定、靜、止之類的價值觀念是不適用的，那麼在即將進入「現代以後」（Post-modern）的現階段，這些觀念則十分值得我們正視了。

以上我們對中國文化的價值系統及其現代的意義做了一番整體性的觀察。在這個基礎上，讓我們再提出四個問題來檢討這個價值系統在個別的文化領域內的具體表現。

一、人和天地萬物的關係

這裡無法詳論中國人對自然的看法，重點祇能放在中國人對自然的態度上面。李約瑟（Joseph Needham）認為中國人把自然看作一種有機體（organism）而不是一件機器（machine），這個看法大致上是可以接受的。西方的自然觀先後有兩大型：希臘時代是有機觀，十六、十七世紀到十九世紀是機械觀。現代生物學、新物理學興起以後，兩者又有混合的趨勢。無論如何，說中國沒有機械的自然觀是不致太錯的。就人與自然的關係而言，我們大概可以用「人與天地萬物為一體」來概括中國人的基本態度。這一觀念最早是由名家的惠施正式提出的，莊子曾加以附和，中間經過禪宗和尚的宣揚（如慈照禪師云：「天地與我同根，萬物與我一體。」），最後進入了宋、明理學的系統，所以這可以說是中國各派思想共同觀念。但是天地萬物（包括人在內）都不同，何以能成為一體呢？這就要說到中國特有的「氣」的觀念。天地萬物都是一「氣」所化；在未分化以前同屬一「氣」，分化以後則形成各種「品類」，至於分化的過程，則中國人的一般總是以陰、陽、五行來做解釋。那麼「氣」又是什麼？這是無法用現代西方觀念來解說的一個名詞，簡單地說「氣」是有生命的，但既非所謂「心」，更不是所謂「物」。希臘人雖把自然看作有機體，但這個有機體是由「心」（或「靈魂」）、「物」兩種元素合成的。這與中國「氣」的宇宙觀仍然大有區別。中國人是相信「天地之大德曰生」、「生生不已」的，因此天地萬物的運行，便是一「氣」的聚散生化的無窮過程。人也在天地萬物之內，不過他是萬物之「靈」，所以能「贊天地之化育」。所謂「人與天地萬物一體」或「天人合一」，其比較確切的涵義即在此。這種宇宙論若嚴格地用哲學尺度去檢查當然含有種種困難。但是我們在此可不必細究。值得注意的是，兩千多年來中國人大體上都接受了這種看法。從這一看法出發，中國人便發展出「盡物之性」、「萬物並育而不相害」的精神。中國人當然也不能不開發自然資源以求生存，因而有「利用厚生」、「開物成務」等等觀念。但「利用」仍是「盡物之性」，順物之情，是盡量和天地萬物協調共存，而不是征服。這是與西方近代對自然的態度截然相異之處。

中國在近兩、三百年科學技術落後於西方，這是大家所公認的事實。而科學、技術的突飛猛進正是現代化的一個主要特徵。從這一點來說，中國文化斷然是和現代生活脫了節的。所以中國必須吸收西方的科技，早已成為定案。李約瑟雖編寫了一部《中國科學技術史》的巨著，仍不能證明中國已有現代的西方科技。事實上，如果我們平心靜氣地細讀李氏的著作，我們便不能不承認傳統中國的技術是遠多於科學的。這裡我們必須將科學和技術加以區別，儘管二者的關係是非常密切的。技術屬於應用的範圍，是可以從經驗中摸索而得的，而且往往是知其然而不知其所以然的。科學則是對於自然現象各方面的規律進行系統的研究，不但要有精密的方法和工具，並且還必須有精確的理論說明。西方文化在這一點上則特顯精采。中國何以缺乏系統的「科學」是一個非常不易解答的問題，撇開歷史背景、社會經濟型態種種外緣不談，我們至少也應該從文化價值系統上對這個問題加以探索。無論就數學、天文、物理、生物各部門的成績或系統分類言，西方的科學在希臘時代便已超過中國。祇有在實用技術方面，中國在十七世紀以前尚不甚遜色而已，我們究竟怎樣來說明這一事實呢？

我認為西方文化的外傾精神有助於系統科學的發展，而中國文化的內傾精神則不積極地激勵人去對外在世界尋求系統的瞭解。這句話認真討論起來當然不易。簡單地說，畢達哥拉斯（Pythagoras）用抽象的數學形式來解釋事物活動的外在結構是西方最早的一次科學革命。這是西方人第一次從數學觀點來解決物理問題。（這是根據柯靈烏〔R. G. Collingwood〕在《自然的觀念》〔*The Idea of Nature*〕中的說法。）柏拉圖根據畢氏的數學形式的觀念發展出「理型說」，把世界一分為二，於是更進一步奠定了西方思想的外在超越的途徑。他認定世界的秩序和規律是「上帝」加以安排的結果，這就提供了一個超越的觀點，可以使人全面地去理解天地萬物。希臘著名的數學家和物理學家阿基米德（Archimedes）曾說：「給我一個立足點，我可以轉動整個宇宙。」外在超越的精神推動系統科學的進展，從阿基米德這句話中生動而形象化地表現了出來。牛頓以後西方的機械自然觀的成立仍然是淵源於這一外在超越的觀點。自然世界是上帝所造的一種機器——如鐘錶，科學家的任務便是要發現這種機器是怎樣構成的、怎樣運作的。

中國的兩個世界是不即不離的，天與人是合德的，盡性即知天，所以要求之於內。六合之外可以存而不論。荀子有「制天」、「役物」的觀念，在儒家思想中已是例外。但是他仍然說：「君子敬其在己者，而不慕其在天者」。他的精神方面還是內傾而不是外傾的；超越的外在觀點依然沒有建立起來。這當然不是說，中國幾千年來沒有個別的外傾型的思想家，如宋代的沈括便是其一。西方也不是完全沒有內傾型的思想家，如晚期斯多噶派（Stoics）三哲（西尼加〔Seneca〕、愛比克泰德〔Epictetus〕、奧里略〔Marcus Aurelius〕）強調德性自足，明顯地有由外轉內的傾向。但大體而言，中國思想確是比較實際的、貼切於人生的，有內在系統而無外在系統的。抽象化、理論化、邏輯化的思考方式不是中國的特色，也不受重視。張載比較接近西方式的系統思考，因此二程批評他「不熟」，說他「有苦心極力之象」。這裡並不是誰比誰高明的問題，而是彼此用心的對象不同。內傾文化注重人文領域內的問題，外傾文化注重人文領域以外（自然）或以上（宗教）的問題。但是由此可見中國之所以發展不出科學是具有文化背景的。（必須注明，我並不是主張文化價值決定論，其他外緣因素也應該考慮在內。此處祇是特別指出科學與文化價值有關而已。）西方的科學的突飛猛進雖是近兩、三百年的事，可是它的源頭卻必須上溯至希臘時代。中國如果要在這一方面趕上世界水平，祇有走「西化」之路。從這個特定的問題上，現代化和西化是同義語。

但是由於中國也有因實用需要而發展出來的技術傳統，因此我們容易把科學和技術混為一談。（「科技」這個含混名詞，在我的瞭解中不是指科學和技術，而是指科學性的技術。）基本科學的研究不以實用為最高目的，而是為真理而真理、為知識而知識的。這是運用理性來解釋世界、認識世界的。至於科學真理具有實用性則是次一級的問題。三百多年前培根（Francis Bacon）曾提出兩個關於科學的夢想：一是用科學的力量來征服宇宙，一是通過科學知識以認識世界的真面目。後者是基本科學的研究，前者便是技術發展。但培根的真正興趣是在用「科技」來征服和宰制自然，所謂「知識即權力」的口號便導源於培根。所以嚴格地說，培根對待自然的態度是西方現代化的主要內容之一。這應該和基本科學研究分別開來。運用理性以獲得真理是西方文化自希臘以來的一貫精神，是外在超越的西方價值系統的一種具體表現。它是超時間的（至少到現在為止），因而不存在所謂「現代化」的問題。

中國「五四」以來所嚮往的西方科學，如果細加分析即可見其中「科學」的成分少而「科技」的成分多，一直到今天仍然如此，甚至變本加厲。中國大陸提出的「四個現代化」全是「科技」的方面的事。中國人到現在為止還沒有真正認識到西方「為真理而真理」、「為知識而知識」的精神。我們所追求的仍是用「科技」來達到「富強」的目的。但是今天西方人已愈來愈不把「科技」看作正面的價值了。原子毀滅的危險、自然生態的破壞、能源的危機等都是對人類文明構成非常真實的威脅。最可怕的是「科技」不但征服了世界，而且也宰制了人。這是當年培根所無法夢見的後果。人已不是「科技」的主人，而變成了它的奴隸，用海德格的名詞說，是「科技」的「後備隊」（standing reserve）。西方思想家現在已從多種角度來指陳這種「科技」宰制世界的危機了。但我認為存在主義或「批判理論」所說的千言萬語似乎都不及莊子下面這段話能一語中的。莊子說：「有機械者必有機事，有機事者必有機心。機心存於胸中則純白不備，純白不備則神生不定。神生不定者，道之所不載也。」這裡所說的機械是指汲井水用的桔槔，是一種最簡單的原始工具。道家非不知其便利，但他們要預防的是「機心」。「科技」主宰了人便正是「機心」代替了「人心」。人雖發明了「科技」而終於變成「科技」的「後備隊」，這便是我們現在常常聽到的所謂「疏離」或「異化」（alienation）。道家對文化採取否定的態度，「科技」更不在話下。我引《莊子》這段話當然不是無條件地拒斥現代「科技」，因為那是不可能的，而且也是愚蠢的。但是在「戡天役物」的觀念已瀕臨破產的今天，莊子的話卻大足以發人深省。「人與天地萬物一體」的態度誠然不是「現代的」，然而卻可能具有超現代的新啟示。

二、人和人的關係

這個問題應當包括個人與個人之間、個人與群體之間，以及不同層次的社群之間的關係。但這裡祇能就根本原則簡單地談一談，詳論是不可能的。人與人之間的關係中國一直稱之為「人倫」。「倫」字意思後世的注家說是「序」，即表示一種秩序。孟子說：「使契為司徒，教以人倫：父子有親，君臣有義，夫婦有別，長幼有序，朋友有信。」這五倫大致包括了社會上最常見的幾種個人關係。雖不完備，但主要類型已具。例如其中「朋友」一倫可以包括師生，「長幼」可以包括兄弟。五倫關係有互相關聯的兩點最值得我們注意：第一是以個人為中心而發展出來的。個人的關係不同，則維繫關係的原則也不同，如「親」、「義」等即是。第二是強調人與人之間的自然關係，因此五倫始於父子。其中君臣一倫在現代人眼中雖然不是自然的，但在堅持「無父無君是禽獸也」的孟子看來，仍然是自然的。赫爾德從自然關係（natural relations）的觀點出發，也肯定了父子、夫婦、兄弟、朋友四倫。但他認為國家（state）是不自然的統治關係，所以獨不取「君臣」一倫。這不但由於時代不同，而且更由於歷史背景不同。中國古代的「封建」本是從家庭關係中延伸出來的，孟子視之為自然是可以理解的。甚至崇尚自然的莊子也明說君臣之義「無所逃於天地之間」。我在這裡不是要證明君臣關係是否合理的問題。事實上除非我們主張無政府主義或到達了真正的大同世界，否則君臣（即現代所謂「上司與下屬」、「領導與下級」、或「老闆與僱員」之類）的關係總歸是存在的。我的主要意思祇是想指出一個歷史事實，即孟子、莊子的時代，中國人一般是把五倫解釋作自然關係而已。必須指出，後世中國人也已看到君臣一倫不是自然關係。曹丕問：「君父各有篤疾，有藥一丸，可救一人，當救君耶？父耶？」當時在座賓客議論紛紛。後來邴原悖然對曰：「父也。」（《三國志．魏書．卷十一．邴原傳》注引〈原別傳〉）這顯然是以父子為「自然關係」，君臣則是「非自然關係」。有人問朱子：「獨於事君謂之忠，何也？」朱子答道：「父子、兄弟、朋友皆是分義相親。至於事君，則分際甚嚴。人每若有不得已之意，非有出於忠心之誠者。」（《朱子語類．卷二十一》）「人每若有不得已」一語更是對這種「非自然的關係」的生動描寫。

現代社會學家往往根據中國重視個人關係這一點而判斷

中國的社會關係祇有「特殊性」（particularistic）而無「普遍性」（universalistic）。這種看法於是又變成了中國社會是傳統性而非現代性的論據。我個人對這一論點深為懷疑，以實際情形言，「特殊主義」和「普遍主義」是任何社會中都同時存在的現象，美國、英國同樣有個人關係發生決定性作用的實例。以文化價值而言，中國和西方都有最高的普遍原則，適用於一切個人。這在西方可以「公平」（justice）為代表，在中國則是「仁」（後來是「理」）的概念。「公平」和「仁」當然有不同，這是由外傾文化與內傾文化的差異而衍生的。「公平」是一個法律觀念，其源頭在上帝立法說，這是外在超越的取向。「仁」是一個道德觀念，其根據在心性論，這是內向超越的取向。西方人相信人是上帝創造的，所以必須服從上帝所立的法條。洛克（John Locke）曾清楚地指出：一個人若是由另一人（即指上帝）所創造，那麼他便有義務服從他的創造者所訂下的教戒（precepts）。今天勞爾思在他的《公平理論》（*A Theory of Justice*）中仍然承認這是一個具有通性（generality）的原則，儘管初看起來似乎有問題。這一通則應用在西方社會絕不致發生困難，因為他們祇承認他們的生命是上帝所賜的，而且上帝祇有一個。試問這一通則用之於不信上帝的中國社會將發生怎樣的後果？孔子的「仁」包括了「孝」的觀念，從西方的觀點看似乎走入了「特殊性」的歧途。但是如果我們一字不易地套用洛克的原則，那麼豈不恰好證明了孔子「三年無改於父之道，可謂孝矣」這句話是合乎「公平」的理論？因為中國人向來是相信「父母生我」的。中國法律上父權很重，子孫不孝或違反教戒而為祖或父所扑責致死，罪也很輕，甚至不構成毆殺罪。其根據即在洛克所說的原則。但若認為人是「天」所生，父母祇有「托氣」的媒介作用，則父亦不能殺子。《白虎通》便如此說。這也預設了洛克的原則。問題當然不這樣簡單，我也不是在這裡提倡「三年無改於父之道」的「孝道」。我要說明的是：「仁」與「公平」都是普遍性的價值，其不同乃是由於不同的文化有不同的價值預設。中國價值系統因為沒有預設客觀化的、形式化的「上帝」的觀念，因此法律沒有絕對的神聖性，也佔不到最高的位置。但是作為次一級的觀念，「法」仍然是有普遍性的。孟子的著名假設——瞽叟殺人，皋陶執法，舜負其父逃之海濱——便是承認法律有普遍性的一種表示。不過因為「法」不是中國價值系統中的最高權威，因此必須與另一基本價值——「孝」——取得協調。孔子對「其父攘羊，其子證之」的反應也說明同一原理。「父為子隱，子為父隱，直在其中」是中國價值系統下的「公平」。（「直」即是「公平」之義。）

在個人與群體之間，以及不同層次的社群之間的關係方面，中國的價值系統也同樣以個人的自然關係為起點。《大學》中「修身、齊家、治國、平天下」便是這個系統的最清楚而具體的表現。政治社會的組織祇是人倫關係的逐步擴大，即以個人為中心而一倫一倫地「推」出去的。在各層社會集合之中，「家」無疑是最重要最基本的一環，「國」與「天下」也都是以「家」為範本的。所以有「國家」、「天下一家」、「四海之內皆兄弟」之類的觀念。這是重視自然關係所必至的結論。人類的集合如果是出於自然關係的不斷擴大，那麼「國」便不能是止境，最後必然要推到「天下大同」。「天下」意識的出現雖然與中國的歷史和地理背景有關，但「大同」則顯然是「仁」的價值觀念的最高體現。莊子說：「不同同之之謂大。」可見「大同」是肯定各種「不同」而達到一更高的綜合。

我們分析中國傳統的社會理論必須著眼於兩個基本元素：

一是有價值自覺能力的個人，一是基於自然關係而組成的「家」。「家」以外或以上的群體，如「族」、「國」、「天下」都是「家」的擴大，鄉黨、宗教團體、江湖結社也不例外。佛教號稱「出家」，但有趣的是中國佛教和尚的社會秩序仍靠宗法制度即「祖」、「宗」、「子」、「孫」、「侄」等一套觀念來維繫，不過在上面加一個「法」字而已，而且輩分的分別甚嚴。（清初木陳和尚打了檗菴和尚〔熊開元〕一掌，後來寫信給人說：「唯檗菴自任為靈巖法子，則靈巖亦是我家子侄，山僧尚可以家法繩之。」這是極顯著的例子。）後世常見譏刺「和尚何不出家」的笑話，即由此而起。社會組織以自然關係為主，不但儒家的持論如此，道家也是一樣。所以魏晉新道家堅持「名教」必須合於「自然」。（上引邴原的答案即是一例。）維繫自然關係的中心價值則是「均」、「安」、「和」之類。孔子說：「有國有家者，不患寡而患不均，不患貧而患不安，蓋均無貧，和無寡，安無傾。」既然都是「一家人」，關係是自然發展起來的，和諧相處應該是辦得到的。「和」不是整齊畫一，「君子和而不同」，所以「和」首先肯定了人有不同。「均」也不是機械的平均，而是均衡，「和」與「均」在中國的社會價值中的重要性可以從制度史上得到充分的說明。歷史上以「均」與「和」為名的制度多至不可勝數。（如均田、均稅、均役、均儒、和價、和羅、和買、和售、和市、和雇等。）

中國人當然不是無睹於自然與社會都有衝突的事實。均衡與和諧都不是容易獲致的，而是必須克服重重矛盾與衝突才能達到的境界。中國思想史上關於「致中和」、「執中」的困難有無數的討論，正足以說明這一事實。但根據中國的社會觀，「和」、「均」、「安」才是常道，衝突與矛盾則屬變道。其關鍵正在中國人認為各層次的社群都和「家」一樣，是建立在自然關係的基礎之上。

近代中國知識分子常常根據西方的標準，追問中國傳統社會是「集體主義的」還是「個人主義的」。這個問題不容易答覆，因為西方標準在此並不十分適用。中國也有近似「集體主義」的社會思想，如墨子的「尚同」、「兼愛」，法家的「壹教」；也有近似「個人主義」的，如莊子的「在宥」。但是在社會政治思想方面，真正有代表性而且發生了實際作用的則以儒家為主體。道家、法家祇能居於次要的地位。儒家一方面強調「為仁由己」，即個人的價值自覺，另一方面又強調人倫秩序。更重要的是：這兩個層次又是一以貫之的，人倫秩序並不是從外面強加於個人的，而是從個人這一中心自然地推擴出來的。儒家的「禮」便是和這一推擴程序相應的原則。這個原則一方面要照顧到每一個個人的特殊處境和關係，另一方面又以建立和維持人倫秩序為目的。經典的定義都一致說：「禮者為異」或「禮不同」，它和「法」的整齊畫一是大有出入的，前面所提的「父為子隱，子為父隱，直在其中」，便是孔子用「禮」來調節「法」的一個實例。孔子又說：「道之以政，齊之以刑，民免而無恥。道之以德，齊之以禮，有恥且格。」合起來看便可知儒家是要追求一種更高的「公平」和更合理的「秩序」。這一更高的「公平」和「秩序」仍然是從有價值自覺的個人推擴出來的。「父為子隱、子為父隱」是為了引發竊盜者的「恥」心。「法」祇是消極的，祇能「禁於已然之後」；「禮」則是積極的，可以「禁於將然之前」。社會不能沒有法律，但法律並不能真正解決犯罪的問題。這是孔子的基本立場。所以他說：「聽訟，吾猶人也；必也使無訟乎？」

表面上看，「禮」好像傾向「特殊主義」，但「禮」本身仍是一個具有普遍性的原則，是適用於每一個個人的。子女不得上法庭為父母的罪案作證儘可以成一個普遍性的條文而無損於法律的公平。事實上，以前美國法律便禁止配偶互在法庭作證，不過動機和理論根據不同而已。

「禮」雖然有重秩序的一面，但其基礎卻在個人，而且特別考慮到個人的特殊情況。從這一點說，我們正不妨稱它為個人主義。不過這裡所用的名詞不是英文的「individualism」而是「personalism」，我認為前者應該譯作個體主義。社會上的個體是指人的通性，因而是抽象的。個人則是具體的，每一個個人都是特殊的，即所謂「人心不同，各如其面」，「物之不齊，物之情也」。「禮」或人倫秩序並不否定法律和制度的普遍性和客觀性，但卻不以此為止境，法律和制度的對象是抽象的、通性的「個體」，因而祇能保障起碼的公平或「立足點」

的「平等」。「禮」或人倫秩序則要求進一步照顧每一個具體的個人。這一型態的個人主義使中國人不能適應嚴格紀律的控制，也不習慣於集體的生活。這種精神落實下來必然有好有壞。從好處說是中國人愛好自由，但是其流弊便是「散漫」、是「一盤散沙」。自由散漫幾乎可以概括全部的中國人的社會性格，不但文人、士大夫如此，農民也是如此。（精神當然也有社會的基礎，以中國農民言，絕大多數是小農。他們過的是「各人自掃門前雪」的生活，彼此通力合作的機會極少，這是中西農民歷史傳統的不同。歐洲中古農村往往有「公地」，是各家從事共同畜牧或其他經營的所在。因此歐洲農民尚有集體合作的習慣。中國周代所謂「井田」也許與此有類似之處，但秦、漢以後的小農經濟大體上都是各自為政的了。）一個具有自由散漫的性格的文化絕不可能是屬於集體主義的型態的。秦代法家曾企圖用嚴刑峻法來建立一個完全服從統治階級的農民與戰士的社會，其失敗可以說是注定了的。

以群體關係而言，中國文化在現代化的挑戰下必須有基本改變，是非常顯明的。在現代社會中政治與法律都是各自具有獨立的領域與客觀的結構，絕不是倫理——人倫關係——的延長。政治法律和倫理之間究竟應當怎樣劃分界線，又如何取得合理的協調？這是一個仍待研究的問題。中國傳統的經驗在此一問題上自然可以有重要的新啟示。但是我在這裡不能旁涉過遠。現在我祇想強調一點，即中國人必須認真吸收西方人在發展法治與民主兩方面的歷史經驗。我已指出，在內向超越的中國價值系統中，由於缺乏上帝立法的觀念，法律始終沒有神聖性。但西方現代的法律已逐漸以「理性」代替「上帝」了。中國人對於人有理性的說法並不陌生，因此沒有理由不能接受現代的法治觀念。清末沈家本革新中國法律已充分地證明了這一理論上的可能性。問題祇在我們如何培養守法的習慣而已。新加坡同樣是一個以華人為主體的社會，但英國人所奠定的法治基礎已毫無困難地由新加坡華人繼承了下來。這更從事實上證明了中國人實行法治絕無所謂「能不能」的問題。

中國傳統沒有發展出民主的政治制度。這尤其是近代中國知識分子鄙棄自己文化的最重要的根據。中國過去為什麼沒有產生民主制度是一個非常複雜的問題，此處也不可能詳論。不過我願意特別指出一項重要的歷史事實，即西方近代的憲政民主發源於英國，然後西歐各國繼起，總之，都是在比較小的國家成長的，美國則是唯一的例外，這是因為美國最初是由十三個殖民地聯合組成的。以每一殖民地而言，仍是小國寡民的局面。西方民主的遠源雖可溯自希臘，但是當時的民主祇是各種政治形式之一，而且品質不高。蘇格拉底便是雅典民主體制下的犧牲品，即使我們讚美雅典的民主，我們也必須認清雅典是一小城邦這個事實。西方近代民主並非直承希臘而來，因為古代城邦的民主傳統在漫長的羅馬和中古時期早已中斷了。近代民主是一個嶄新的制度，它確是隨資產階級的興起而俱來的，資產階級在與封建貴族和專制君主的長期爭持中，逐漸靠自己日益壯大的經濟和社會力量取得了政治權力與法律保障。這些特殊的歷史條件在傳統中國並不具備。中國自秦漢以來便統一在一個強大的皇權之下。一方面我們應該肯定這是一個偉大的文化成就，但另一方面我們也應該認清中國為這一成就所付出的代價。在強大的中央政府之下，貴族階級早就消滅了，工商階級和城市則因專賣和平準等制度而無法有自由發展的機會，中國的行會也不能和歐洲的基爾特（guilds）相提並論。隋、唐以來，行會主要是政府控制工商團體的工具。宗教勢力（如佛教）也通過「僧官」制度而納入中央政府的控制系統之下。在傳統中國，祇有「士」階層所代表的「道統」勉強可與「政統」相抗衡。但由於「道統」缺乏西方教會式的組織化權威，因此也不能直接對「政統」發生決定性的制衡作用。

以上是試對中國文化何以沒有發展出民主提出一些歷史的觀察，但這並不表示中國的政治傳統一直落後於西方。相反地，在西方近代民主未出現之前，中國一般的政治和社會狀況不但不比西方遜色，而且在很多方面還表現了較多的理性，十八世紀歐洲有些思想家認為中國的政治是「開明專制」的高峰，甚至體現了盧梭的「群意」（general will），雖不免溢美，卻也不全是無稽之談。舉例來說，科舉制度儘管有流弊，但是至少在理論上肯定了「士」的道德與知識的價值高於貴族的世襲身分和商人的財富。中國農民子弟確有機會通過科舉而入仕，這在西方中古時代是不能想像的。十六世紀摩爾（Thomas More）所設想的「烏托邦」才正式提出政治領導必須由有學問的人來承當。柏拉圖「共和國」中的統治集團（guardians）顯然是貴族階級。

從價值系統看，中國沒有民主仍然是和內向超越的文化型態有關。前面已說過，國家一向是被看成人倫關係的一個環節。價值之源內在於人心，然後向外投射，由近及遠，這是人倫秩序的基本根據。在政治領域內，王或皇帝自然是人倫秩序的中心點。因此，任何政治方面的改善都必須從這個中心點的價值自覺開始。這便是「內聖外王」的理論基礎。孟子對梁惠王、齊宣王講「仁心仁政」、朱子對宋孝宗講「正心誠意」，這顯然都是從人倫關係的觀點出發。在人倫關係中，「義務」（duty）是第一序的概念，「為人臣止於敬」、「為人子止於孝」、「為人父止於慈」都是「義務」概念的具體表現。盡了「義務」之後才談得到「權利」。此即「父父、子子、君君、臣臣」，從反面看則是「父不父則子不子，君不君則臣不臣」。子的義務即父的權利，臣的義務即君的權利，反之亦然。這和西方近代的法律觀點適得其反。中國人的權利意識一向被壓縮在義務觀念之下。以人倫關係而言，這是正常而健康的。西方的道德哲學家（如康德）也以「義務」為倫理學的中心觀念。但是倫理與政治在現代生活中都各自有相對獨立的領域，彼此相關而不相掩。所以分析到最後，中國人要建立民主制度，首先必須把政治從人倫秩序中劃分出來。這是一種「離則雙美，合則兩傷」的局面。分開之後，我們反而可以更看得清中國人倫秩序中所蘊藏的合理成分及其現代意義。新加坡近年來提倡「儒家倫理」正是由於這種分離的成功。

中國文化把人當作目的而非手段，它的個人主義（personalism）精神凸顯了每一個個人的道德價值；它又發展了從「人皆可以為堯舜」到「滿街皆是聖人」的平等意識以及從「為仁由己」到講學議政的自由傳統。凡此種種都是中國民主的精神憑藉，可以通過現代的法制結構而轉化為客觀存在的。法制是民主的必需條件而非充足條件；第二次大戰前的德國和日本都有法制而無民主。然而上列種種精神憑藉，儘管遠不夠完備，卻已足為中國民主提供幾項重要的保證。從長遠處看，我們還是有理由保持樂觀的。

三、人對於自我的態度

自我問題也是每一個文化發展到一定的階段所必然要出現的。中國人關於自我的看法，我們在上面的討論中已涉及了不少，此處再略加補充，以中國的內傾文化與西方的外傾文化在追尋「自我」的問題上也表現了顯著的差異。大體言之，西方人採取了外在超越的觀點，把人客觀化為一種認知的對象。人既化為認知對象，則多方面的分析是必然的歸趨。這種分析一方面雖然加深了我們對「人」的瞭解，但另一方面也不免把完整的「人」切成無數不相連貫的碎片。中國人則從內向超越的觀點來發掘「自我」的本質；這個觀點要求把「人」當作一有理性、也有情感的，有意志、也有欲望的生命整體來看待。整體的自我一方面通向宇宙，與天地萬物為一體；另一方面則通向人間世界，成就人倫秩序。孔子通過「仁」來認識「人」，便是強調一個整體的觀點。所以他從各種不同的角度來隨機指點「仁」的豐富涵義。這就表示人對自我的認識和人對外在萬物的認識不能採用相同的辦法。對於萬物的認識，我們主要是依賴「知」，但對於「人」（包括自我在內）的瞭解，我們不僅需要「知」，而且還需要「仁」。《中庸》所謂「成己，仁也；成物，知也」，似乎正是表現此一分野。「仁」可以概括

「知」，「知」並不能窮盡「仁」。

中西的對比當然祇是從大體而論的，我們絕不能說西方哲人都是從外在觀點來解答「人是什麼」的問題。事實上，蘇格拉底的態度便和孔子極為接近。蘇格拉底強調人與人密切交往的重要性。他採用對話的方式便正是表示祇有在主體互相問答之間才能發現關於「人」的真理。「人」不能客體化而變成認知的對象，蘇氏也表現了內向反省的精神，所以才有「不經反省的人生是毫無價值的人生」這句名言。此後從斯多噶派的奧里略到近代歐陸維護「精神科學」（Geisteswissenschaften）傳統的思想家以至「內省」（introspection）派的心理學家都多少承繼了蘇格拉底的精神。但是不可否認地，西方思想的主流並不在此一系。兩個世界分裂下的心物對立和知識論傳統下的主客對立始終阻礙著整體觀點的建立。行為科學興起以後，「人」終於和天地萬物同成為經驗知識的對象。

中國人的邏輯——知識論的意識比較不發達。若就對客觀世界的認識而言，這自然構成一種嚴重的限制。但失於彼者未嘗無所得於此。中國人因此對於自我以及天地萬物常能保持一種整體的觀點，而比較免於極端懷疑論的困擾。中國人對自我的存在深信不疑，由自我推至其他個人，如父母兄弟夫婦，則人倫關係的存在也無可懷疑。人與天地萬物為一體，由自我的存在又可推至天地萬物的真實不虛。自我在與其他人的關係中存在，也在與天地萬物的關係中存在，此存在並不是懸空孤立的。因此自我的存在，一方面是外在客觀世界存在的保證，另一方面外在客觀世界的存在也保證了自我存在的真實性。這是一種互相依存的關係。莊子因己之「樂」即可推出魚之「樂」，邵雍由「以我觀物」即可推到「以物觀物」，程明道「萬物靜觀皆自得，四時佳興與人同」的詩句也表現了同樣的觀念，儒、道兩家在這一方面並非分道揚鑣。即使是佛教那種精微的「空」的理論也未能動搖中國人的信念。西方懷疑論者否認客觀世界的真實，最後衹剩下一個「我思故我在」的孤懸的自我。這種態度對於中國人而言，始終是相當陌生的。中國人也不能像他們那樣認為自我必須斬斷與外在世界相維繫的鎖鏈才能享有真正的自由。這又是外在超越與內向超越截然相異的一點。在中國思想中，自我對外在世界的肯定以及對內在價值之源的肯定都不是知識論和邏輯所能完全保證得了的。人的認知理性終究是有它的限度的。康德的批判哲學窮究「理性」的限度，斷定本體界和道德法則都在經驗知識的範圍之外。康德的斷定在中國人看來是順理成章的，但在西方思想界卻並未獲得普遍的承認。

中國人相信價值之源內在於一己之心而外通於他人及天地萬物，所以反來覆去地強調「自省」、「自反」、「反求諸己」、「反身而誠」之類的功夫，這就是一般所謂的「修身」或「修養」。《孟子》和《中庸》都說過「誠者天之道，誠之者人之道」的話。所以「反身而誠」不是「獨善其身」的自私或成為佛家所謂「自了漢」。自我修養的最後目的仍是自我求取在人倫秩序與宇宙秩序中的和諧。這是中國思想的重大特色之一。西方僅極少數思想家如斯多噶派曾流露過這種觀點，但已在古代末期，不久即為基督教的觀點所掩蓋。祇有在中國思想史上，個人修養才一直佔據著主流的地位。修養的理論並不限於儒家一派，道家（包括道教）的「功過格」與佛家無不如此。孔子說：「自天子以至庶人，一是以修身為本」，可見「修身」絕不是上層統治階級的專利品。

人性中除了自私自利之外，是不是還有光輝高尚的一面？我們又怎樣才能發揮光輝的一面，控制黑暗的一面？中國人對這類問題的認識與解答，並不全靠知識論和邏輯，然而也不否認經驗知識有助於人的自我尋求與自我實現。《大學》標舉「格物」、「致知」為修身的始點，至少表示道德實踐也不能完全離開客觀知識。不過修養不能止於知識的層次；「知及之，仁不能守之，雖得之，必失之」。如何「守仁」便不純是知識的事了，此中大有功夫在。朱子在宋儒中最正視讀書明理，但是他卻一再說明「讀書祇是第二義的事」，最要緊的還是讀聖賢書之後，更進一步「切己體驗」，「向自家身上討道理」。總之，中國人基本上相信人心中具有一種價值自覺的能力。（無論我們稱它為「仁」，為「良知」或任何其他名目，所指皆同。）這種能力的存在雖然不是像客觀事物那樣可以由知識來證立，但每一個人都可以通過「反身而誠」的方式而感到它的真實不虛。人如果立志要「成人」或「為人」，不甘與禽獸處於同一境界，則必須用種種修養功夫來激發這一價值自覺的能力。而修養又祇有靠自我的努力才能獲得，不是經典或師友的指點所能代替的，後者祇有緣助的功用。這種一切依賴自己的修養觀念不僅深植於知識分子的心中，而且也流行於民間。早期道教有一種「守庚申」之說便是這一觀念的變相。晉代《抱朴子》已記載，人身中有一種「三尸」之「神」或「蟲」，於庚申日上天，言人罪過，所以必須守之不使上天。（灶神信仰亦是同類，不過所監督的是一家而不是一人的善惡而已。）一般平民或不能深解儒家「仁」或「良知」的理論，所以道教徒便用這種「神道設教」的辦法來傳播相當於儒家

「自省」、「自反」，或「慎獨」的修養論。「守庚申」的信仰不但流布於中國民間，並且曾傳入日本，影響頗廣。（日人窪德忠有專書研究。）無論是「良知」還是「三尸」，總之人具有一種內在的精神力量，督促自我不斷向上奮鬥。

我們現在要問：中國人對自我的態度能夠與現代生活相適應嗎？我可以十分肯定地答道：中國人這種「依自不依他」的人生態度至少在方向上是最富於現代性的。我們在上面曾提到古代斯多噶派重視人的內在德性的主張在基督教的排斥之下趨於式微。基督教認為自我應完全託付給上帝。人在精神上要求完全自做主宰適成為「我慢」；「我慢」正是自我「解放」的最大障礙之一。在中古基督教的傳統中，個人必須通過代表上帝的教會和牧師才能獲救。人有罪過時也要向牧師懺悔自白，今天的天主教仍然保持這一傳統。所以西方人的精神解救主要是借助於專業牧師的外力，不靠自我的修持。（漢末道教初興時也有「省過」的方法，但六朝以後似未見普遍流行。）宗教改革以後的新教強調個人直接與上帝交通，這自然是基督教現代化的一個重要步驟。然而牧師傳教在西方社會中仍佔據著中心的地位。

十九世紀以來，西方基督教面臨種種危機，首先是科學的挑戰，前面早已提到了。其次是真正信徒對教會和牧師的懷疑。齊克果畢生以「如何成為一個真正的基督徒」自期。西方社會上流行的基督教在他看來全是虛偽。他以為信仰是全副生命的貢獻與託付，不容有絲毫懷疑與理性批判夾雜在內。信仰的關鍵則端在個人能否做出「決斷」；因為這是純屬意志與情感的事，與理性毫不相干。這種說法對於虔誠的基督徒自然能發生堅定信仰的作用。可是他又說他之所以信仰基督教則是因為它的教義是最「荒謬的」。（事實上齊氏是引用西元二至三世紀特圖良〔Tertulian〕的名言，指耶穌死而復活等神話而言。其意在強調信仰非理性所能解，而且比理性遠為確實可靠。）而且祇有最荒謬的東西才能使人用最大的熱情和誠意去信仰。我們不能否認，有些神學家也許會在這種徹底反理性的議論中看到「深刻的真理」，但是它之絕不能在一般常人心中發生「起信」的作用則是可以斷言的。這就毋怪尼采要發出

「上帝已死亡」的宣告了。

上帝死亡以後的西方人已無法真正從牧師與教堂那裡獲得自我的解救了。而上教堂做禮拜如儀的芸芸眾生在齊克果之類人的眼中則都是全無真信仰的流俗。所以近幾十年來西方（特別是美國）心理病醫生和靠椅代替了牧師和教堂。精神上有危機的西方人已轉向「心理分析」去求「解放」與「自由」。佛洛依德的學說自然是二十世紀一大成就，但它是否真能代替傳統的宗教卻不無疑問。它診治的對象是文化所壓制的人的本能，在這一方面它確有效用。人性中除了本能以外是否還蘊藏著較高的精神因子呢？這個問題至少還沒有獲得人人共同承認的科學解答。史金納（B. F. Skinner）的極端行為主義心理學曾經轟動一時，但今天也許祇有極少數心理學家還繼續相信人和實驗室中的鴿子全無分別，相信人可以簡單地用「賞」、「罰」二柄來加以操縱控制。如果我們仍不願放棄人性中有光輝一面的信心，那麼心理分析最多也祇能解決人的一半（或大部分）的精神病症。

西方存在主義者強調現代人的失落、惶恐、虛無、認同危機種種實感，這些恐怕都與「上帝死亡」後價值之源沒有著落有關。佛洛依德學說和後來發展的深層心理學對於這一類的病痛似乎尚不能提出完全有效的診斷和治療。以往西方的宗教與哲學把人性揚之過高，現在的心理學又不免鑿之過深。這裡顯然有一個如何取得平衡的問題。佛洛依德把傳統道德文化看成壓抑性的，他的「超自我」（super-ego）或「良心」（conscience）即是此種道德的化身。他的深刻觀察是不可否認的，但是我們若把中國人所說的「仁」、「良知」和「超自我」完全等同起來，那便不免「失之毫釐，差以千里」了。其實佛氏也承認人具有一種「沒有任何內容的純罪感」（pure sense of guilt without any content），它存在於「超自我」與「良心」之前。這已為人性中高貴光輝的一面留下了一隙餘地。由於這一點不是他注意力集中的所在，因此沒有詳加發揮。佛氏的後學榮格（Carl G. Jung）在這一問題上反而較為平衡。他認為成年人的人格發展更為重要；而且人格是自我發展出來的。這顯然是接引人向上的心理學。榮氏特別欣賞亞洲宗教自由自在的風格，以為比基督教的整齊狹隘猶勝一籌。他因此對易經、禪宗都能相契。我們不難由此窺見中國人對自我的看法確有其現代意義的一面。

我們並不需要藉榮格或其他西方學者的讚美以自重，也不是說中國人的自我境界將可解除西方人「上帝死亡」後的困擾。我所要鄭重指出的是中國傳統的自我觀念衹要稍加調整仍可適用於現代的中國人。在外在超越的西方文化中，道德是宗教的引伸，道德法則來自上帝的命令。因此上帝的觀念一旦動搖，勢必將產生價值源頭被切斷的危機。在內向超越的中國文化中，宗教反而是道德的引伸，中國人從內心有價值自覺的能力這一事實出發而推出一個超越性的「天」的觀念。但「天」

不可知，可知者是「人」，所以衹有通過「盡性」以求「知天」。對此超越性的「天」，中國人並不多加揣測描繪，更不虛構一個人格化的上帝來代表「天」的形象。荀子說：「天地始者，今日是也。」《大學》引〈湯銘〉說：「苟日新，日日新，又日新。」《易繫辭》則說「生生之為易」。這一思想基調是強調宇宙不斷創化的過程，至於宇宙是如何開始、怎樣開始的，則不是最重要的問題。創世的神話在這種思想基調之下是不容易發展的，因為每一天都是「創世」——「天地始者，今日是也。」我們由以上的分析可以清楚地看到，中國人對自我價值的肯定不但碰不到「上帝死亡」問題的困擾，而且也不受現代基督教神學中所謂「消除神話」（demythologization）

的糾纏。中國儒、釋、道三教在早期當然都有「神話」，如漢代緯書中的《演孔圖》、《太平經》中的老子誕降的異跡，以及佛教中關於佛陀降生的瑞應之類。但是這些「神話」在中國思想史上並無重要性，而且早就被「消除」了。最激烈的如禪宗大師「呵佛罵祖」，要把世尊「一棒打殺與狗子吃掉」。如果西方「消除神話」是基督教的「現代化」，那麼我們可以說中國的三教都早已「現代化」了。

中國人由於深信價值之源內在於人心，對於自我的解剖曾形成了一個長遠而深厚的傳統：上起孔、孟、老、莊，中經禪宗，下迄宋明理學，都是以自我的認識和控制為努力的主要目的。中國傳統社會中的個人比較具有心理的平衡和穩定，不能完全以外緣條件來解釋（如農業社會和家族制度之類）。我們也不能完全根據社會學的觀點，認為這是中國人對社會規範和價值的「內化」推行得較為成功所致。至少中國人特別注重自我的修養，是一個值得注意的文化特色。這當然不是說中國人個個都在精神修養方面有成就。但兩、三千年來中國社會能維持大體的安定，終不能說與它的獨特的道德傳統毫無關係。社會上祇要有少數人具有真實的精神修養，樹立道德風範，其影響力是無法低估的。

中國人的自我觀念大體上是適合現代生活的，但是也有需要調整的地方。傳統的修養論過於重視人性中「高層」的一面，忽略了「低層」與「深層」的一面。而且往往把外在的社會規範和內在的價值之源混而不分（即佛洛依德所謂「超自我」與「純罪感」混而不分。按：程伊川以為「性」中無孝、弟，祇有仁、義、禮、智，也是指這一分別而言。後者——仁、義、禮、智——也可說是「無任何內容的純道德意識」）。近代的行為科學，特別是深層心理學正可補充中國傳統修養論的不足。現代西方人遇到自我精神危機時往往向外求救，而心理分析又有偏於放縱本能的流弊，「自由」、「解放」反成為放縱的藉口。從這一點說，中國的修養傳統正是一種值得珍貴和必須重新發掘的精神資源。最後，我願意預答一個可能遇到的質難，即中國人關於人的內在價值之源的信念究竟在今天還有沒有事實的根據？如果人真的像史金納所說的，與實驗室中的鴿子、老鼠全無分別，那麼我們在上面談到的精神修養豈非全成了自欺欺人？這個問題至少可以有兩種不同的答案。第一，我們可以不必預設人有內在的價值之源，而肯定修養有助於人的心理健康。荀子認為道德規範是人為的，但仍然堅持「化性起偽」的「修身」論，至於修養之實際有助於個人的心理平衡和社會穩定則是一個無可否認的經驗事實。我們即使採取功利主義者的後果論，也應該對它加以肯定。第二，所謂內在的價值之源是指人是否具有與生俱來的價值自覺的能力。這個問題我們現在尚不能給予「科學的」答案。現代西方的經驗主義哲學和行為主義心理學都否認人有先天的認知能力或「先天觀念」（innate ideas）。理性主義早已被唾棄了。

如果人並無先天的認知能力，我們也可以類推人沒有先天的價值自覺的能力。但是近年來杭士基（Noam Chomsky）卻根據他在心理語言學上的研究為理性主義翻案。從他所發現的語言結構的複雜性和小孩子很快即能自然地掌握語言這一事實，他推斷人必然具有與生俱來的語言能力。在這個基礎上，他重新提出了人有「先天觀念」的問題。他也是對史金納的心理學批評得最嚴厲的一個人，認為史氏的實驗結果絕大部分都不適用於解釋人的行為。杭士基復活理性主義的努力在西方哲學、語言學、心理學各方面都有衝擊力，但並未獲得普遍的承認，而且杭氏本人也沒有涉及「先驗道德」或「上帝存在」這一類舊理性主義的哲學論題。他祇是根據語言研究的經驗證據來駁斥經驗主義者把人完全下儕於一般動物而已。杭士基與經驗主義者之間的爭論牽涉到許多複雜問題，此處不能多說。總之，我們現在還不到下論斷的時候（也許「先天能力」這個問題在可見的未來還找不到最後的答案）。我引杭氏之說，其用意絕不是要從「人有與生俱來的語言能力」推出「人有與生俱來的價值自覺的能力」。我僅僅是要指出，杭氏關於「先天觀念」的堅持，對於「內在價值之源」的問題有一種新的啟示：現代經驗科學的知識對於這一重大問題並未能下最後的判斷。我在上面曾引及康德把道德法則劃在經驗知識之外。但在今天的行為主義者如史金納之流則根本認為「先驗道德」之說早已被「科學」推翻了。杭士基的例子至少使我們看到：經驗知識中也出現了傾向於支持「先天觀念」的證據。因此這個問題仍然是開放的，疑者固然有理由，信者也不算完全無據。換句話說，即使根據嚴格的科學觀點，中國人關於自我的看法，也還沒有到非放棄不可的境地。

四、對生死的看法

最後我想用幾句話交代一下中國人關於生死的見解，因為這也是每一個文化所必須面對的問題。關於這一問題，一般民間的信仰與知識分子的理解當然有較大的距離，但其間也仍有相通之處。

大體說來，中國人的生死觀仍是「人與天地萬物為一體」

的觀念的延伸。以民間信仰而言，在佛教入中國以前，中國人並沒有靈魂不朽的說法。中國古代有「魂」與「魄」的觀念，分別代表天地之「氣」。「魂」來自天，屬陽；「魄」來自地，屬陰。前者主管人的精神知覺，後者主管人的形骸血肉。魂與魄合則生，魂與魄散則死。這是一種二元的靈魂觀，在世界各文化中頗具特色。更值得注意的是魂魄分散之後，一上天，一入地。最近長沙馬王堆漢墓所發現的帛畫和木牘很清楚地表現出這種分別（詳見我的〈中國古代死後世界觀的演變〉）。但是魂、魄最後復歸於天地之氣，不是永遠存在的個體。周代以來的祭祀制度有天子七廟、諸侯五廟、士庶人祭不過其祖之類的規定，其背後的假定便是祖先的靈魂日久卻化為

「氣」，不再能享受子孫的祭祀了。關於這一點，子產論魂、魄時已明白指出。所以中國古代雖也有關於「天堂」與「地獄」的想像，然而並不十分發達。最重要的還是人世，天堂與地獄也是人世的延長。簡言之，生前世界和死後世界的關係也表現出一種不即不離的特色。佛教東來之後，天堂、地獄的想像當然變得更豐富，也更分明了。但輪迴的觀念仍使人能在死後不斷地重返人世，中國民間之所以易於接受佛教的死後信仰，這也是關鍵之一。在現代化的衝擊之下，中國民間關於生死的信仰雖沒有完全消失，卻毫無疑問地是日趨式微了。所以我們不必過分注意這一方面的現代演變。但是中國知識階層關於生死的看法則大值得我們重視。

孔子「未知生，焉知死，未能事人，焉能事鬼」的話是大家都知道的。這種說法曾被一些西方學者（如蕭隆〔Jacques Choron〕）誤會為「逃避問題」的態度。其實孔子並不是逃避，而正是誠實地面對死亡的問題。死後是什麼情況，本是不可知的，這種情形一直到今天仍然毫無改變。但有生必有死，死是生的完成，孔子是要人掌握「生」的意義，以減除對於「死」的恐怖。這種態度反而與海德格非常接近。不但孔子如此，主張「一生死，齊萬物」的莊子也說：「故善吾生者，乃所以善吾死也。」莊子又用「氣」的聚、散說生死。這不但和魂、魄的離合說相應，而且更可見其背後仍有一牢不可破的「人與天地萬物一體」的觀念。在經過佛教的挑戰之後，宋代的儒家關於生死的見解仍回到中國思想的主流。張載強調「生」是「氣之聚」，「死」是「氣之散」，便吸收了莊子的說法。以小我而言，既然是「聚亦吾體，散亦吾體」，自然不必為死亡而惶恐不安。以大我而言，宇宙和人類都是一生生不已的過程，更無所謂死亡。朱熹認為佛家是以生死來怖動人，所以才能在中國長期流行。但是祇要我們能超出「私」之一念，不把小我的軀體看得太重（即所謂「在軀殼上起念」），我們便可以當下擺脫「死」的怖慄。

中國思想家從來不看重靈魂不滅的觀念，桓譚論「形神」、王充的「無鬼論」、范縝的「神滅論」都是最著名的例子。但是中國思想的最可貴之處則是能夠不依賴靈魂不朽而積極地肯定人生。立功、立德、立言是中國自古相傳的三不朽信仰，也是中國人的「永生」保證。這一信仰一直到今天還活在許多中國人的心中。我們可以毫不遲疑地說，這是一種最合於現代生活的「宗教信仰」。提倡科學最力的胡適曾寫過一篇題為〈不朽——我的宗教〉的文章，事實上便是中國傳統不朽論的現代翻版。根據中國人的生死觀，每一個人都可以勇敢地面對小我的死亡而仍然積極地做人，勤奮地做事。人活一日便盡一日的本分，一旦死去，則此氣散歸天地，並無遺憾。這便是所謂「善吾生所以善吾死」。張載的〈西銘〉說得最好：「存，吾順事；沒，吾寧也。」

以上我試圖從價值系統的核心出發，疏解中國文化在現代的轉化。我希望這種多方面的疏解可以說明本文開端時所標舉的主旨，即中國文化與現代生活不是兩個互相排斥的實體。在現實中並不存在抽象的現代生活，祇有各民族的具體的現代生活，中國人的現代生活即是中國文化在現階段的具體表現。中國文化在現代發生了前所未有的劇烈變動，而西方現代文化的衝擊則是這一變動的根本原因。這都是大家有目共睹的歷史事實。但是這種激烈的變動是不是已經徹底地摧毀了中國文化的基本價值系統呢？這個問題可以從兩方面來答覆。以個人而言，一部分知識分子，特別是少數西化派，的確在自覺的思想層面上排斥了中國價值系統中的主要成分。即使是這些少數人，祇要我們細心觀察便會發現，他們在不自覺的行為層面上仍然無法完全擺脫傳統價值的幽靈。以整個中國民族而言，我深覺中國文化的基本價值並沒有完全離我們而去，不過是存在於一種模糊籠統的狀態之中。中國人一般對人、對事、處世、接物的方式，暗中依然有中國價值系統在操縱主持。這是一個經驗性的問題，必須留待經驗研究來回答，我在這裡不過姑且提出一種直覺的觀察而已。

非常粗疏的說，文化變遷可以分成很多層：首先是物質層次，其次是制度層次，再其次是風俗習慣層次，最後是思想與價值層次。大體而言，物質的、有形的變遷較易，無形的、精神的變遷則甚難。現代世界各文化的變遷幾乎都說明這一現象，不僅中國為然。中國現代的表面變動很大，從科技、制度，以至一部分風俗習慣都與百年前截然異趣。但在精神價值方面則並無根本的突破。而且事實上也無法盡棄故我。由於近百年來知識界在思想上的紛歧和混亂，中國文化的基本價值一直沒有機會獲得有系統、有意識的現代清理。情緒糾結掩蓋了理性思考：不是主張用「西方文化」來打倒「中國傳統」，便是主張用「中國傳統」來抗拒「西方文化」。中國學術思想界當然並不是沒有理性清澈而胸襟開闊之士，祇是他們的聲音本已十分微弱，在上述兩種吼聲激盪之下更是完全聽不見了。所以中國的基本價值雖然存在，卻始終處於「日用而不知」的情況之中。價值系統不經過自覺的反省與檢討便不可能與時俱新，獲得現代意義並發揮創造的力量。西方自宗教革命與科學革命以來，「上帝」和「理性」這兩個最高的價值觀念都通過新的理解而發展出新的方向，開闢了新的天地。把人世的勤奮創業理解為上帝的「召喚」，曾有助於資本主義精神的興起；把學術工作理解為基督教的天職（scholarship as a Christian calling），也促進了西方近代人文教育與人文學術的發展。「上帝」創造的宇宙是有法則、有秩序的，而人的職責則是運用「理性」去發現宇宙的秩序與法則。這是近代許多大科學家所接受的一條基本信念，從牛頓到愛因斯坦都是如此。愛因斯坦把「上帝」理解為「理性在自然界的體現」。因此他終生拒絕接受量子力學中的「不確定原則」。在政治、社會領域內，自由、人權、容忍、公平等價值也不能脫離「上帝」與「理性」的觀念而具有真實的意義。西方外在超越的價值系統不僅沒有因為「現代化」而崩潰，而且正是「現代化」的一個極重要的精神泉源。誠然，如上文所指出的，西方的價值系統在現代化的後期的今天已面臨了嚴重的危機，但西方人同時也已開始從多方面去發掘這一危機的性質及其挽救之道。他們怎樣脫出危機，現在尚不可知；可以確知的是新的反省與檢討將為西方文化下一階段的發展提供一個新的始點。

中國現代化的困難之一即源於價值觀念的混亂；而把傳統文化和現代生活籠統地看作兩個不相容的對立體，尤其是亂源之所在。以「現代化」等同於「西化」無論在保守派或激進派中都是一個相當普遍的現象。這是對於文化問題缺乏基本認識的具體表現。激進的西化論者在自覺的層面完全否定了中國文化，自然不可能再去認真地考慮它的價值系統的問題。另一方面，極端的保守論者則強調中國文化全面地高於西方，因此對雙方價值系統也不肯平心靜氣地辨別其異同。至於這兩派人在攻擊或衛護中國文化時，將價值系統與古代某些特殊的制度與習慣牽混不分，那更是一個不易避免的通病了。近代中西方文化的辯論雖僅局限在某些知識分子的小圈子之內，但經輾轉傳播之後也往往會影響到知識界以外的一般人士，以致他們在「日用而不知」之際，逐漸對中國的價值觀念發生誤解或曲解。從這一角度看，我們便不難瞭解問題的嚴重性了。凱因斯（J. M. Keynes）論及經濟問題時曾有一句名言：「從事實際工作的人，總以為他們完全不受學術思想界的影響，但事實上他們往往是某一已故經濟學家的（學說的）奴隸。」文化問題也正是如此。價值系統問題如果長久地不獲澄清，會給中國文化招致毀滅性的後果，更不必說什麼現代轉化的空話了。

我在本文中將中國文化的價值系統與古代的制度、風俗以及物質基礎等加以分別，但是這絕不表示我相信文化價值是亙古不變的，更不是說我把文化價值當作一種超絕時空的形而上實體來看待。事實上，我在分別討論中國價值系統各個主要面向時已隨處指出這個系統面臨現代變遷必須有所調整與適應。我並且毫不諱言在某些方面中國必須「西化」。但是整體地看，中國的價值系統是禁得起現代化以至「現代以後」（post-modern）的挑戰而不致失去它的存在根據的。這不僅中國文化為然，今天的西方文化、希伯來文化、伊斯蘭文化、日本文化、印度文化等都經歷了程度不同的現代變遷而依然保持著它們文化價值的中心系統（此中最極端也最富啟發性的例子是印度的「捨離此世」〔renunciation〕的價值觀念和森嚴的種姓制度〔caste system〕如何在現代化挑戰下發揮了創造性的作用。可看法國社會學家杜蒙〔Louis Dumont〕的經典著作*Homo Hierarchicus: The Caste System and Its Implications*）。這些古老民族的價值系統都是在文化定型的歷史階段形成的，從此便基本上範圍著他們的思想與行為。懷特海（A. N. Whitehead）曾說：「一部西方哲學史不過是對柏拉圖的注腳。」這祇是指哲學而言。其實這個說法正可以推而廣之，應用於各大文化的價值系統方面。各大文化當然都經過了多次變遷，但其價值系統的中心部分至今仍充滿著活力。這一活生生的現實是絕不會因為少數人閉目不視而立刻自動消失的（按：懷特海的原意是說西方後世哲學家所討論的都離不開柏拉圖所提出的基本範疇和問題，並不是說，一部西方哲學史都在發揮柏拉圖的哲學觀念。批判和立異也是「注腳」的一種方式。讀者幸勿誤解此語）。

今天世界各民族、各文化接觸與溝通之頻繁與密切已達到空前的程度。面對著種種共同的危機，也許全人類將來真會創造出一種融合各文化而成的共同價值系統。中國的「大同」夢想未必永遠沒有實現的一天。但是在這一天到來之前，中國人還必須繼續發掘自己已有的精神資源、更新自己既成的價值系統。祇有這樣，中國人才能期望在未來世界文化的創生過程中提出自己獨特的貢獻！

知識叢書 1118

從價值系統看中國文化的現代意義：中國文化與現代生活總論

作　者——余英時
主　編——王育涵
特約編輯——蔡宜真
責任企畫——郭靜羽
美術設計——許晉維
內文排版——旭豐數位排版有限公司
總 編 輯——胡金倫
董 事 長——趙政岷
出 版 者——時報文化出版企業股份有限公司
一〇八〇一九台北市和平西路三段二四〇號四樓
發行專線——（〇二）二三〇六六八四二
讀者服務專線——〇八〇〇二三一七〇五　（〇二）二三〇四七一〇三
讀者服務傳真——（〇二）二三〇四六八五八
郵撥——一九三四四七二四時報文化出版公司
信箱——一〇八九九台北華江橋郵局第九九信箱
時報悅讀網——http://www.readingtimes.com.tw
時報人文科學線臉書——https://www.facebook.com/humanities.science
法律顧問——理律法律事務所　陳長文律師、李念祖律師
印　刷——勁達印刷有限公司
初版一刷——一九八四年三月十日
三版一刷——二〇二二年七月二十九日
定　價——新台幣三〇〇元
（缺頁或破損的書，請寄回更換）

時報文化出版公司成立於一九七五年，
並於一九九九年股票上櫃公開發行，於二〇〇八年脫離中時集團非屬旺中，
以「尊重智慧與創意的文化事業」為信念。

從價值系統看中國文化的現代意義：中國文化與現代生活總論／余英時著. 一 三版. 一 臺北市：時報文化出版企業股份有限公司, 2022.07

面；　公分 -- (知識叢書；1118)

ISBN 978-626-335-606-1（平裝）

1.CST: 中國文化

541.262　　111009014

ISBN 978-626-335-606-1
Printed in Taiwan